本书获得辽宁省教育厅基本科研业务费资助项目（东北财经大学优秀学术专著出版资助项目（项目批准号：ZZ202414））资助

前言

信任是制度研究的一个重要主题。本书关注的信任与社会经济表现，是制度与经济发展的一个具体研究内容。

信任对经济影响研究由来已久，自古典经济学时期已初见端倪，到20世纪70年代开始受到主流经济学界的广泛关注，并逐步成为重要的研究领域。一方面，现有关于信任与经济表现之间关系的研究缺乏对信任本身及其对经济影响的深刻的、系统的理论构建；另一方面，从制度研究的角度考虑，旧制度主义长期受限于研究方法，而新制度主义又较大程度上建立在新古典经济学的研究框架之下。信任作为制度研究的一个重要主题，采用何种正式方法对其进行经济学研究，以及如何以对其的研究为契机寻求相关制度研究方法论上的突破也是一个重要的学术问题。

本书将重点集中在两个方面：一是为信任提供深刻的、系统的、置于社会经济生活中的，从个人思想和行为到互动、到网络再到宏观表现的系统分析思路的研究框架；二是基于此研究框架，从制度角度出发对信任与经济表现进行正式化的建模。本研究选用 Agent-Based

计算模拟（Agent-Based Modeling，ABM）作为正式化建模的研究方法。这有助于推动相关制度研究的研究方法多元化。本书通篇具有丰富而鲜明的观点表达，并在许多地方进行了富有启发性和可拓展性的、非常细致和考虑周全的学术讨论。

本书以我的博士学位论文为蓝本，经过系统梳理、内容增删与结构优化，完整保留核心理论框架与研究体系，力求在学术传承与创新间达成平衡。书中难免有疏漏之处，敬请各位专家、学者不吝赐教。

高　琳

辽宁省·大连市

2025年1月

目录

1

绪论

1.1 研究问题

非经济因素对经济发展/表现的影响越来越受到学术界的关注。尤其是在最近的二十年[①]，信任开始逐渐进入经济学者的研究视野（如Knack and Keefer，1997）。本书就是紧紧围绕信任这一因素开展的一项经济学研究。

一个国家的经济发展和繁荣造福于其人民，这也是一个国家的经济成就令人向往的原因之一。然而，正如我们所看到的，世界范围内经济发展的不平衡似乎是一种常态。经济学家们不断询问和探索的问题就是经济增长从何而来，以及各国的社会经济表现缘何不同。迄今为止，很多因素已经被提出并被证明直接或间接地影响经济表现。这些因素包括“硬因素”和“相对较软的因素”。或者换一个标准来说，包括经济因素和非经济因素。传统上，硬因素被强调得更多。这里，我们粗略地将地理位置、土地、交通条件（如河流、河口等）、气候、自然资源、资本、劳动力等称为“硬因素”。这些因素都很重要，并对一国的经济增长或复苏起着至关重要的作用。以自然资源为例。石油天然气产业在诸如沙特阿拉伯等国家中是支柱产业。石油和天然气的出口收入在这些国家的国内生产总值和政府财政收入中占有相当大的比重。瑞典的高品位铁矿石和丰富的森林资源曾助其在17世纪到18世纪摆脱贫困。南非在19世纪下半叶发现了钻石，推动了其向工业化国家的转型。一般而言，丰富的自然资源往往能为一个国家提供“第一桶金”，尤其是在经济腾飞的初期。在其他条件相同的情况下，丰富的自然资源是一国的天然优势。然而，一个值得注意且

① 本书基于作者博士学位论文（2019），此处的时间“二十年”未进行修改。

有些反常的现象——“资源诅咒”（或称为“荷兰病”）却揭示了其他的不可忽视因素。

“相对较软的因素”包括基于知识和技能（如人力资本、技术、创新等）、制度、历史事件等的因素。在物质和资本快速流动的今天，经济表现的多样性为什么依然存在？这不仅是North（1990）深入钻研制度如何影响经济表现的动机之一，也是其他来自制度经济学、文化经济学、社会经济学等领域的学者试图从制度、文化、社会环境等因素中寻找答案的动机之一。例如，伴随英国和西班牙殖民活动而来的是两国制度安排的输出。North、Summerhill和Weingast（2000）认为，正是从英国殖民者和西班牙殖民者那里继承的共享信念体系和制度安排的不同，导致北美和拉丁美洲在独立后不同的政治秩序和经济表现路径。15世纪至19世纪的大西洋贩卖黑奴行为给非洲人的身心造成了伤害，扰乱了非洲历史的正常进程，并对非洲的经济发展产生了极为不利的影响。奴隶贸易也使非洲社会内部产生了长期的不信任（Nunn and Wantchekon，2011）。种族隔离制度也曾是南非经济发展的障碍。其他影响经济发展的因素还包括国际关系和地缘政治。因此，可以说一个国家或地区的经济成功是不同因素综合影响的结果。虽然有很多因素可能影响经济表现，但显然不同因素对不同国家存在不同影响，而且每个国家有其自身的经济优势和劣势。

贫穷在某种程度上可能是一种恶性循环。就像马太效应，“富者愈富，穷者愈穷”。没有足够的财富，穷国就无力通过国际贸易进口必要的物质，也没有足够的能力为人民提供充足的、相对高质量的教育、医疗、公共安全、福利等，也无法发展技术、支持创新或提高产品附加值，对外商投资也可能不具有吸引力。这些都会对经济的进一步发展产生负面影响。总之，尽管物质和资本在全球范围内快速流动，但它们的目的地是贫穷落后国家的可能性一般较低。

尽管有很多因素影响经济发展速度、质量和效率，但正如前文阐述的那样，本研究更关注社会方面。经济是社会不可分割的一部分，正如Granovetter（1985）所言，经济行为嵌入在社会之中。离开和谐的社会环境，经济的发展和繁荣就无法实现或维持，这点随着时间的推移日益成为共识。一个值得注意的现象是，相当一部分经济表现的决定因素与人际互动密切相关。毫无疑问，一个运行良好的社会将有利于经济发展；相反，一个运行不佳的社会必将阻碍经济发展。

本研究将要探讨的是信任。信任是前述值得注意的“软因素”之一。通常，人际关系的建立和维持都离不开信任。信任几乎渗透到人际互动的方方面面，并通过直接影响互动或再互动的意愿以及互动方式来影响我们的社会经济生活。例如，在随机互动、商业活动（如供应商选择）、生产活动、消费活动等社会和经济活动中，信任都在其中发挥着至关重要的作用。相对较高的人际信任带来的好处是显而易见的。比如有利于社会经济交易，促进诸如双赢合作的良性互动，增强社会凝聚力，有利于克服社会困境，节约监督成本等。这里的信任意味着一种对可信社会环境的正反馈，是对感知的可信性的反映，是对不被欺骗或不被不公平地对待的预期，是对他人良好道德品质的信念，是对潜在互动者的善意的预期。因此，这里的信任不是轻信，而是有经验和信息基础。

然而，我们不应忽略这样一个事实：在互动过程中，信任不仅可以被建立，也可以被毁坏。最终会出现哪种结果取决于互动本身：良性互动会增加信任及进一步互动的可能性，而恶性互动则会导致信任下降并降低之后互动的意愿。

长期以来，信任一直是心理学和社会学的研究主题。然而，其对经济的影响似乎只是在最近二十年才受到关注并成为研究热点。到目前为止，关于信任（如一般信任和继承信任等）对经济表现或直接或间接的实证影响已被广泛讨论（Algan and Cahuc，2010；Beugelsdijk et al.，2004；Bjørnskov，2012；Dearmon and Grier，2009；Knack and Keefer，1997；Lim，Morshed and Khun，2018；Peiró-Palomino and Tortosa-Ausina，2013；Whiteley，2000；Zak and Knack，2001 等）。总体而言，大多数实证研究倾向于认为人际信任对经济表现具有显著的积极影响。因此，在经济学的研究领域中，对信任以及信任相关主题的研究变得更加重要和必要。

在认识到信任在社会经济生活中的重要性之后，一些以信任为核心的问题亟待阐明、探索和详细解释。本研究覆盖理论到模拟仿真，力求呈现具有深度的丰富内容。

问题 1 是理论性的，是关于信任本身。以信任为研究对象，首先要对信任有一个相对全面和深刻的认识。就信任本身而言，它的本质是什么？信任具有哪些特征？经济学研究中常见的几种信任类型有哪些微妙的区别？信任是如何从各种经验中概括出来并转化为预期的？信任如何衡量？这些都是关于信任的基本性问题。从信任者的角度来看，个人（微观）层面的信任是怎样的？信任与可信性之间的关系如何？一般来说，不可信对于个人和社会的成本是什么？在互动关系中，信任者和被信任者的角色是如何分配的？我们应该如何理解不可数的、抽象的信任和可信性的供求关系？这些都是关于信任和可信性这两个相对应的概念的问题。

问题 2 也是理论性的，是关于与信任不可分割的其他一些社会和现实因素。在社会经济环境中，哪些社会经济因素或过程对于信任机制而言是本质的？这些因素或过程本身是如何发挥作用的？它们是如何与信任和可信性联系在一起从而构成一个个人信任和社会信任在其中演化的、复杂的社会经济系统的？这些问题都是关于系统性地推动信任演变的“本质因素”。这些“本质因素”是信息、社会学习、人际关系网络、地理流动性、制度等。就经济交易这种特殊形式的人际互动而言，（不）信任会对其产生什么影响？这是一个从微观视角探讨信任与经济关系的问题。

问题3是模拟微观信任和可信性与宏观社会经济表现之间的某种社会经济机制。信任可能会影响互动或再互动的意愿，而可信性可能会影响在实际互动中是否行为良好（如合作）。然而，信任可能是脆弱的，如前所述，信任不仅可以在互动中建立，也可以在互动中被破坏，而且通常后者更容易。此外，一次互动可能涉及多个决策（如是否进行互动、使用哪种策略等），也可能发生在个人社交网络上的邻居之间或非邻居之间。如前所述，信息在个人信任的改变中起着相当大的作用。这里的信息既包括来自个人或非个人互动渠道的信息，也包括来自非互动渠道的信息。那么，给定本研究的计算模型要避免整个计算实验设计过于不切实际地简单化，该如何将这些考虑因素整合到计算实验设计当中呢？更重要的是，在从微观信任和可信性到宏观表现的过程中，诸如社会网络的嵌入、支付矩阵的突变概率、突变后的支付矩阵以及信息在邻居间和非邻居间的扩散概率等因素的作用是什么呢？

本研究旨在回答上述问题。

1.2 本书结构

本研究的研究目的有两个：一是从制度视角出发，为信任及其与社会经济表现之间的关系搭建从微观到宏观的系统分析框架；二是基于这样的系统分析框架，针对信任和经济表现这一研究问题，构建具有微观基础和“微观—宏观”连接的正式化模型，探索信任与经济表现之间的互动机制。

基于上述研究目的，为了解释和探索前述研究问题[①]，本书的主体部分（不包括第1章绪论和第5章结论部分）分为3章。其中，第2章和第3章为理论部分，第4章为计算模拟部分。

第2章旨在探讨问题1。本章首先讨论了信任的一些基础（第2.1节到第2.3节），包括信任的性质、特征和分类，一般信任和特殊信任、陌生人信任和群体信任的区别和关系，一般信任的形成和实施机制及其两个关键方面（即经历和预期），以及（一般）信任的不同衡量方法。随后，第2.4节从思想（第2.4.1小节）和行为（第2.4.2小节）两个方面阐述了信任者在包含他人可信性的信息到达后信任感或信任态度形成的心理过程及其相应的信任行为。这只是从信任者而非被信任者的角度进行阐释。第2.5节在解释了信任和可信性之间的关系（第2.5.1小节）并强调了可信性（第2.5.2小节）之后，对信任和可信性同时进行了阐述（第2.5.3小节至第2.5.4小节）。

第3章旨在讨论问题2。在阐述了信任和可信性本身之后，本章系统地解释了真实的信任机制，剖析了推动信任机制运行并因此支撑了信任和可信性的变化和共同演化的本质的、决定性的因素。驱动信任机制至关重要的因素分别是信息（第3.1节）、社会学习（第3.1节）、网络（第3.1节）、地理流动（第3.2节）和制度（第3.3节）。然后，在分别阐述了制度网络、因果关系网络和个人信息网络这三种网络之后，信任被置于一个由这三种网络交织而成的庞大、复杂、密集而又现实的系统中（第3.4节）。最后，本章详细讨论了（不）信任对经济交易的几种影响（第3.5节）。

第4章针对问题3进行论述。本章通过Agent-Based计算模拟，探讨了有向加权正则环上由个体变化的信任和可信性所支持的互动与合作的演化。该Agent-Based模型整合了信任脆弱性、互动决策、策

① 详见第1.1节。

略决策、支付矩阵决策、互动密度和信息扩散。本章提出了支付矩阵的边际利用率、原始支付矩阵与突变支付矩阵之间的相对剥削程度、想象策略以及关系维护强度等概念并进行了公式化。在信任更新中，强调了原始支付矩阵的边际利用率和原始支付矩阵与突变支付矩阵之间的相对剥削程度的作用；观察的影响通过想象策略引入；关系的维持通过关系维护强度引入。在基准模拟的基础上，本章分别探讨了社交网络嵌入程度、支付矩阵的突变概率、突变支付矩阵以及邻居间和非邻域间的信息扩散概率对所有Agents的实际互动数量总和和合作数量总和的影响。

第5章对全书进行了总结。

1.3 研究方法

1.3.1 理论分析法

第2章和第3章采用理论分析法作为研究方法，将信任置于社会经济环境之中并进行了系统分析。这两章层层递进地分析了信任和可信性，解释了真实的信任机制，剖析了推动信任机制运行并因此支撑了信任和可信性变化和共同演化的本质的、决定性的因素。

1.3.2 Agent-Based计算模拟

第4章采用Agent-Based计算模拟作为研究方法，研究有向加权正则环上微观信任与宏观社会经济绩效之间的机制。

Agent-Based模拟（Agent-Based Modeling，ABM）是以微观层面的Agents及其行为和互动为基础探索宏观系统层面的行为。因此，它本质上是一种微观建模。所研究系统的组成单位被称为“Agents”，它们是自治的。Agents不一定是人类个体，可以是公司或其他组织。Agents的性质取决于所研究的系统。微观和宏观是两个相对的概念。经典的Agent-Based模型包括但不限于：康威的生命游戏（Conway's Game of Life）（Gardner，1970）、隔离模型（the Segregation Model）（Schelling，1971）、计算机锦标赛（Computer Tournaments）（Axelrod，1984）、埃尔法罗问题（the El Farol Problem）（Arthur，1994）、人工股票市场（Arthur et al.，1997）和糖域（Sugarscape）（Epstein and Axtell，1996）。

Agent-Based建模不仅是“一种强大的仿真建模技术”，也是一种思维方式（Bonabeau，2002）。如前所述，ABM模型通过模拟微观个体来研究系统水平的现象。这种模型能够为宏观层面的现象提供具有微观基础的解释，有利于“自下而上”地理解“微观—宏观”连接。因此，ABM模型非常适合研究涌现现象。

相对于同质的代表性代理人模型，ABM模型的一个明显优势在于其在异质性建模方面的强大。事实上，异质性建模正是ABM模型的特色。ABM模型致力于描绘每一个代理（ABM模型所研究系统的组成单位）的不同特征及其内生变化，原则上可以最大程度地模拟异质性。为什么要强调异质性？真实世界现象的发生可能与异质性密不可分，而异质性可能有助于非均衡常态的产生。换句话说，许多现象甚至可能不会发生在同质的代理人之间。这也许正是真实世界经济学异质性论证的意义和必要性。

真实世界现象背后的原因和机制可能错综复杂。造成这种复杂性的部分原因可能是社会中人与人之间的相互依赖，尤其是在决策和行为方面的相互依赖。关系的复杂性进一步导致了整个系统的脆弱性。

关于模型构建的设计原则，许多人可能会在KISS（Keep It

Simple，Stupid）和KIDS（Keep It Descriptive，Stupid）之间犹豫不决。根据Bonabeau（2002）的观点，“模型必须服务于某一目的；通用模型是行不通的。模型必须建立在正确的描述水平上，要有恰到好处的细节来服务它的目的”[①]。此外，与确定性方法相比，模拟既有优点也有缺点。Elsner、Heinrich和Schwardt（2015）指出：“与对整个系统进行详尽的确定性分析的根本区别在于，模拟并不试图研究任何可能的状态，更不用说系统状态之间的可能关系。相反，对于一组有限的有效状态，对行为进行追踪，以便对由此产生的趋势有一个一般性的判断。”[②]此外，他们还提供了计算机模拟基本包括的7个步骤（Elsner、Heinrich and Schwardt，2015）[③]。

Agent-Based模型通常通过计算机模拟来实现。因此，就技术而言，Agent-Based模型本质上是一段段代码。Agent-Based模拟可以通过NetLogo等专门软件来实现，或通过C和Python等更通用的编程语言来实现（有关Agent-Based建模的更多平台，参见Gilbert和Bankes，2002；Gilbert，2008；Nikolai and Madey，2009）。例如，一个Agent-Based模型中的Agents可以使用面向对象编程语言Python的“类”进行实例化（使用Python类进行ABM的例子参见Elsner、Heinrich and Schwardt，2015[④]；Isaac，2008）。此外，本书第3章将运用Python进行Agent-Based模拟。

Agent-Based建模是计算密集型的。就应用于人类社会而言，它

① BONABEAU E. Agent-based modeling: methods and techniques for simulating human systems [J]. Proceedings of the National Academy of Sciences of the United States of America, 2002, 99 (10): 7287.

② ELSNER W, HEINRICH T, SCHWARDT H. The microeconomics of complex economies: evolutionary, institutional, neoclassical, and complexity perspectives [M]. Amsterdam: Elsevier, 2015: 228.

③ ELSNER W, HEINRICH T, SCHWARDT H. The microeconomics of complex economies: evolutionary, institutional, neoclassical, and complexity perspectives [M]. Amsterdam: Elsevier, 2015: 230.

④ ELSNER W, HEINRICH T, SCHWARDT H. The microeconomics of complex economies: evolutionary, institutional, neoclassical, and complexity perspectives [M]. Amsterdam: Elsevier, 2015: 227-249.

模拟所研究的系统中一定时间跨度内（比如长达数百个时间步长）每个代理的个体特征、决策、行为、互动、社会网络等，然后重复整个过程（比如重复数百次）。可以想象，随着所研究的系统规模的扩大以及所涉及的机制变得复杂，计算和内存需求会增加许多。正如Bonabeau（2002）所指出的，“尽管计算能力仍在以惊人的速度增长，但在对大型系统建模时，ABM的高计算要求仍是一个问题”[①]。因此，给定整个机制后，我们经常不得不对所研究的系统在其规模与所花费的时间和有限的内存之间进行权衡。不过，根据笔者个人的经验，在硬件条件允许的情况下，通过采用更节省内存的数据结构、更节省时间的编程设计和算法等，可以在一定程度上，甚至很大程度上缓解这类问题。当然，时间复杂性和空间复杂性之间也存在着权衡。

在具体的机制设计上，特别是在经济学领域，Agent-Based建模的一个趋势就是结合（演化）博弈论和复杂网络模型等。具体而言，网络理论可用于模拟拓扑结构，从而明确区分邻居与非邻居节点；博弈论可用于模拟Agents之间的互动及其结果。同样，本书中Agent-Based模型计算实验的机制设计也涉及博弈论和复杂网络的元素。

此外，关于模拟结果，需要牢记的一个关键点是“不能根据模拟的定量结果做出决策，模拟的结果应该纯粹从定性层面进行解释”（Bonabeau，2002）[②]。

---

① BONABEAU E. Agent-based modeling: methods and techniques for simulating human systems [J]. Proceedings of the National Academy of Sciences of the United States of America, 2002, 99 (10): 7287.

② BONABEAU E. Agent-based modeling: methods and techniques for simulating human systems [J]. Proceedings of the National Academy of Sciences of the United States of America, 2002, 99 (10): 7287.

1.4 预期的学术边际贡献

信任对经济的影响研究在20世纪末开始进入经济学的研究视野（Knack and Keefer，1997）。一方面，从理论上说，现有关于信任与经济表现之间关系的研究主要集中在实证研究，缺乏对于信任本身及其对经济影响的深刻的、系统的理论构建；另一方面，从方法论上说，从制度的角度考虑，以Veblen等为代表的旧制度主义长期受限于研究方法，而新制度经济学又较大程度上建立在新古典经济学的研究框架之下。信任作为制度研究的一个重要主题，采用何种正式方法对其进行经济学研究，以及如何以对其的研究为契机，寻求相关制度研究方法论上的突破，也是一个重要的学术问题。

所以，本研究将重点集中在两个方面：一是为信任提供深刻的、系统的、置于社会经济生活中的，从个人思想和行为到互动、到网络、再到宏观表现的系统分析思路的研究框架；二是基于此研究框架，从制度角度出发对信任与经济表现进行正式化建模。本研究选用Agent-Based计算模拟作为正式化建模的研究方法。这有助于推动相关制度研究方法的多元化。

总的来说，本研究理论性较强，学术价值突出体现在其理论价值方面。本研究通篇具有丰富而鲜明的观点表达，原创性较强，并在许多地方进行了富有启发性和可拓展性的、非常细致和考虑周全的学术讨论。

理论价值1：本研究层层递进，从个人思想和行为、到互动、到网络、再到宏观表现，建立了信任变化的综合理论，搭建了信任与经济发展的、从微观到宏观的系统分析思路的研究框架，为在社会经济环境中系统地思考信任及其与经济表现之间的关系提供了扎实深刻的理论解释。同时，在建立全面、系统的有关信任的社会经济理论时，对所涉及的每一个理论要素都进行了有益的剖析和延伸，并提出了自己的观点。

理论价值2：基于“微观—宏观”“自下而上”的研究思想，为信任与经济表现的关系提供具有微观基础的、从微观到宏观的理论解释。基于此研究思想，本书恰当地选择了Agent-Based计算模拟（ABM）作为一种研究方法。计算实验设计以理论部分搭建的框架与设计的系统研究思路为基础，不仅将复杂网络模型和博弈论模型融入其中，更是考虑了许多现实因素，如信任的脆弱性、互动决策、战略决策、支付矩阵决策、互动密度和信息扩散等，将其作为建模细节，为采用ABM方法进行相关研究提供了研究思路和建模思路。

实际价值：对于维持和重建社会信任，进而促进社会经济良好发展具有一定借鉴意义。

首先，本书第2章和第3章建立了信任变化的综合理论体系。具体来说，信任，尤其是信任的变化，是基于对可信性的感知。这适用于不同类型的可信性及其相应的信任类型。反映可信性的信息在信任变化中起着决定性作用。不遵守制度是不可信的重要体现，也是导致不信任的重要因素。同时，可信性本身也是一种重要的制度，其发展遵循制度发展的一般规律。信息过程和社会学习过程在很大程度上是重合的。通过社会学习，可以直接获得行为（如值得信赖的行为）；社会学习还可以改变思想（如改变对社会环境的认知），进而指导有意识的行为（如根据可信性做出信任行为）。信息最终通过个人心理发挥作用。社会网络是信息获取、社会学习、行为输出和信息传播的场所。本书在第1章的理论部分，将信任、信息、社会学习、网络（包括社会网络和其他形式的网络）、制度等一系列因素或理论联系起来，涵盖了从个人思想和行为到互动、到网络、再到多网络方面，因此在一定程度上弥补了当前经济领域的信任研究没有那么周到、全面的理论机制的理论缺陷。

其次，本书的第2章和第3章在建立全面、系统的信任社会经济理论时，对所涉及的每一个理论要素都进行了有益的剖析和延伸，并提出了自己的观点（可能是创新的，也可能是从不同于现有研究的角度提出的）。例如，在论述信任时，对信任的一些类型进行了区分和深入细致的讨论；在论述社会学习时，提出了一些相应的对立类型；在论述互动网络时，扩展了“互动平台”（Elsner and Schwardt, 2014）的概念；在论述人们愿意遵守制度的原因时，在目前强调的因素之外增加了几个原因；在论述制度时，提出了相对优势作用的可变性；在论述制度的起源和扩散时，强调了地理上的人口连续性等。它们不仅对本书还原的现实信任体系起到了一定的作用，也为相应的独立研究做出了贡献。此外，详细的论述还可能对其他研究者有所启发。

第4章通过经济学研究中一种相对较新的方法或技术——Agent-Based计算模型探讨了个人在定向加权定时环上的信任和可信性变化所支持的互动与合作的演变。这种Agent-Based模型综合了第2章和第3章中阐述的许多现实因素，如信任的脆弱性、互动决策、战略决策、支付矩阵决策、互动密度和信息扩散等。设计和实施Agent-Based模型的整个过程需要大量的时间和精力。

2

信任与可信性

2.1 信任

2.1.1 描述信任

在《牛津英语词典》中，“信任”一词可用作名词、动词或形容词。这里以名词形式为例，有选择地呈现在线《牛津英语词典》中的几条定义记录。作为名词，“信任”可代表[①]：（1）“对某人或某事的可靠性、真实性或能力的坚定信念；对某人或某事，或对某人或某事的某项属性的信心或信念”；（2）“对某事充满信心的期待；希望”；（3）“对顾客在未来某个时间支付所提供的货物或服务而无需立即付款的意图或能力的信心”。

许多学者都给出了他们对信任的理解。例如，Coleman（1990）从信任者将决策权交给被信任者的角度来看待信任，而被信任者的决策不仅会影响被信任者本人，还会影响信任者[②]。La Porta等（1997）认为，Putnam（1993）关于信任的观点如下：“信任是在人与人之间长达数百年的‘横向关联网络’历史中形成的一种习惯，涵盖商业和公民活动。”[③]Sabel（1993）认为，信任是“交易的任何一方都不会利用对方脆弱性的相互信心”[④]。Yamagishi（1994）将信任视为“对好意和善良意图的期望”，并认为信任是“基于对互动伙伴个人特质和意图的

① 在线《牛津英语词典》中，trust作为名词时的含义原文如下：a）“Firm belief in the reliability，truth，or ability of someone or something；confidence or faith in a person or thing，or in an attribute of a person or a thing”；b）“Confident expectation of something；hope”；or c）“Confidence in the intention or ability of a customer to pay at a future time for goods or services supplied without immediate payment”（Trust，n.，2015）.

② COLEMAN J S.Foundations of social theory［M］. Cambridge，Massachusetts，and London，England：The Belknap Press of Harvard University Press，1990：91-118.

③ LA PORTA R，LOPEZ-DE-SILANES F，SHLEIFER A，et al. Trust in large organizations［J］. American Economic Review，1997，87（2）：336.

④ SABEL C F.Studied trust：building new forms of cooperation in a volatile economy［J］. Human Relations，1993，46（9）：1133.

推断”[①]。Hardin（1996）将信任视为“一种非道德化的概念”，并认为“在有合乎情理的信任的地方，就有有益经历和行动增长的可能性”[②]。Brien（1998）认为，信任“涉及对一个人对于被信任者的行动和选择的脆弱性的认知”，并且“重要的是涉及通过不试图设置障碍来保护一个人的利益来保持这种脆弱性”[③]。Nooteboom（2002）[④]认为，“信任是对信任行为的一种倾向”。Uslaner（2005）指出，信任“是一种表达他人是你道德共同体一部分的信念的价值观”[⑤]。Delhey和Newton（2005）认为信任“是这样一种信念，即如果能避免的话，他人就不会蓄意或明知故犯地伤害我们，并且如果可能的话，他们会照顾我们的利益”[⑥]。Stolle和Nishikawa（2011）认为，“信任是最基本的亲社会态度之一”[⑦]。Sapienza和Zingales（2012）认为，信任是“对另一个人（或机构）将会采取对我们有利或至少无害的行动的期望，而不管我们是否有能力监督这些行动”[⑧]。此外，Colesca（2009）汇总了其他学者对信任的若干定义。

如前所述，学者们对信任给出了丰富的定义。Lewicki和Bunker（1995）注意到Worchel（1979）总结的看待信任的三个角度（或立场），分别是人格理论家、社会心理学家以及社会学家和经济学家。第一类人从个人人格的角度来看待信任。个人人格在很大程度上由一

① YAMAGISHI T，YAMAGISHI M.Trust and commitment in the United States and Japan［J］. Motivation and Emotion，1994，18（2）：131-132.

② HARDIN R.Trustworthiness［J］. Ethics，1996，107（1）：28.

③ BRIEN A.Professional ethics and the culture of trust［J］. Journal of Business Ethics，1998，17（4）：398.

④ NOOTEBOOM B.Trust：Forms，foundations，functions，failures and figures［M］. Cheltenham，UK and Northampton，MA，USA：Edward Elgar，2002：37.

⑤ USLANER E M.Trust and corruption［M］//Johann Graf Lambsdorff，Markus Taube and Matthias Schramm（Eds.），The New Institutional Economics of Corruption. London：Routledge，2005：76.

⑥ DELHEY J，NEWTON K.Predicting cross-national levels of social trust：global pattern or Nordic exceptionalism?［J］. European Sociological Review，2005，21（4）：311.

⑦ STOLLE D，NISHIKAWA L.Trusting others-how parents shape the generalized trust of their children［J］. Comparative Sociology，2011，10（2）：283.

⑧ SAPIENZA P，ZINGALES L. A trust crisis［J］. International Review of Finance，2012，12（2）：124.

个人在其早期生活经历中的心理发展塑造。第二类人从人际互动的角度来看待信任。在人际互动中，信任可能被创造也可能被毁坏。第三类人将信任视为一种制度现象，这种制度现象一般化了个人信任。

然而，关于信任的性质，更好的方式是综合考虑上述三个视角。换句话说，信任既反映在个人心理上，也嵌入社会。这三个视角的一个明显区别是所涉及的规模基础。更具体地说，当人格被强调时，信任主要关注的是单个人；当社会（或其他形式的）互动被强调时，信任关注的是两个或两个以上的人；当制度被强调时，信任基本上关注的是整个社会。此外，正如 Deutsch（1958，转引自 Lewicki and Bunker，1995）所言，信任是事件相关的。因此，无论信任涉及的规模多大，信任改变的一种可能方式是影响信任的外部信息流（既有获得于个人社交网络内的信息流，又有获得于超越个人社交网络的信息流），如果这些信息流确实影响个人信任，最终会到达心理层面，并转化为个人的认知、情感、态度、观点等；进一步，调整后的个人信任会反映到其他的与不同（潜在）被信任者互动的未来事件中。总而言之，信任是内在地/在心理上被建立和破坏，这是个人心理学中的信任。

另一方面，信任是“社会互动不可避免的一个维度”（Gambetta，1988）①。当被嵌入社会，信任的意义就会变得明显。理解信任的一个重要方面就是信任的社会性质。从这个意义上说，信任本质上是一种社会现象，“从根本上说是一个社会过程”②（Uzzi，1997），是一种“系统的社会现实”（Lewis and Weigert，1985）③。如果将“关系”

---

① GAMBETTA D. Foreword [M] //Diego Gambetta, ed. Trust: Making and Breaking Cooperative Relations. Oxford: Basil Blackwell, 1988: x.

② UZZI B. Social structure and competition in interfirm networks: the paradox of embeddedness [J]. Administrative Science Quarterly, 1997, 42 (1): 45.

③ LEWIS J D, WEIGERT A. Trust as a social reality [J]. Social Forces, 1985, 63 (4): 967.

粗略地分类为人与自然的关系和人与人之间的关系，可以看出，信任明显归因于人与人之间的关系。这也是信任为什么是嵌入于社会、产生于社会、改变于社会和毁坏于社会的原因。来自社会环境的因素不容忽视。因此，信任嵌入于社会，嵌入于各种各样（不同强度）关系形成的网络。

此外，面对信任的各种定义，Bhattacharya、Devinney 和 Pillutla（1998）发现了信任研究中存在的一个值得注意的问题。他们认为，“大多数信任定义的问题在于，研究人员希望将这一概念变得过于精确。当一个概念必须被实证地测量时，这样做是恰当的，但它可能会不必要地扼杀基本现象的概念丰富性”[①]（Bhattacharya、Devinney and Pillutla，1998）。笔者同意这一观点。因此，我们通过信任的“定义”来提醒或强调信任的一些值得注意的特征时，应该牢记，信任就是信任本身，而不是其他任何东西。

2.1.2 信任的特征

本研究认为，信任具有如下特征：

（1）以可信性为条件

在这里，信任的前提条件主要指的是被感知的可信性，或者至少是未被感知到的不可信性。正如 Nooteboom（2002）[②]所说，“不加区别地信任或不信任是非常不寻常的，常是一种病态”。这里的可信性可以是特定的，也可以是整体的；至于具体是哪一种可信性，则取决于与其相对应的是哪一种信任。不仅真正的可信性是信任的条件，一个人如何评估可信性也是信任的条件。正如后文将详细解释的，一个人是否会信任

---

① BHATTACHARYA R，DEVINNEY T M，PILLUTLA M M. A formal model of trust based on outcomes［J］. The Academy of Management Review，1998，23（3）：462.

② NOOTEBOOM B. Trust：Forms，foundations，functions，failures and figures［M］. Cheltenham，UK and Northampton，MA，USA：Edward Elgar，2002：38.

很大程度上取决于他如何看待他人的可信性。稍作推广，如果没有可疑的、导致不信任的不可信性迹象，一个人就可能倾向于信任。这也意味着，不可信性在信任主体不信任时会被更明显地感知到。

反向思考一下。如果信任不是有条件的，那么反馈回路将不会存在，个人的信任水平将不会改变，并将独立于任何外部到达之信息、发生之事、事件等保持不变。信任的这一特点反映了人类对社会环境的适应性。一个不根据周围环境调整其态度和策略的人，很可能会陷入困境、麻烦、风险、心理痛苦中，甚至无法正常生活。

（2）严重依赖信息

如前所述，信任是以可信性为条件的。此外，对可信性的判断在很大程度上依赖反映他人可信性的外部信息，包括获得自个人亲身互动的信息，以及通过诸如直接观察、口耳相传、观看新闻报道等方式获得自他人互动的信息。这些信息可以是关于特定他人的，也可以是关于社会上存在的不被认可的行为现象（如电信诈骗）的。给定信息确实在心理层面产生作用，那么显示可信性的信息倾向于提高信任，而显示不可信的信息倾向于降低信任。尽管对他人可信性的外部信息的解读可能存在一定的偏差，但信任的基本趋势与可信性的基本趋势通常是一致的。人们会在不同程度上对（不）可信性做出反应。

积累关于（不）可信性迹象的信息是一个不断地经历和学习的过程。在大多数情况下，信任的建立是事件驱动的。试想这样一种情况：一家肉制品加工公司出售用陈肉加工的肉制品，然后这一丑闻通过社交媒体被曝光。再比如，当一种电信诈骗形式在社交媒体上曝光后，人们会对遇到的类似事情保持警惕。这些事件体现了社会中存在的不可信性，并使人们的信任下降或不愿去信任。事件驱动的解释不仅适用于经济交易，也适用于社会互动。

在外部信息到达后，人们还可能通过比如联想等方式在头脑中对信息进行进一步加工。此外，所有可能反映他人可信性的信息在未来互动中都将被带入涉及的进一步决策中。换言之，未来互动涉及的决策与一个人积累和加工的关于可信性的信息量有很大关系[①]。

（3）未来个人互动中的事前信任是风险相关的

许多学者曾指出或暗示信任是风险相关的。比如，Mayer、Davis和Schoorman（1995）以及Rousseau等（1998）都指出，信任会引起信任者对于被信任者行为的脆弱性。Slovic（1993）也认为，不信任的流行“与风险感知强烈相连”[②]。重要的是，我们应该意识到，在谈论“风险相关”时，它实际上意味着未来个人互动中事前信任涉及的风险，而不是事后信任或非个人互动涉及的风险。在后一种情况下，个人信任可能已经做出了相应的调整。首先，发生了的（亲身经历的或观察到的）互动已经成为决定性的、确定的和不可改变的事实，与概率问题或不确定性无关。其次，信任行为的直接风险只存在于尚未发生的未来个人亲身互动，或只在尚未发生的未来个人亲身互动中才具有现实意义，因为并非所有涉及信任—被信任关系的现象都会引致事实的脆弱性。例如，当一个人正在电视上观看一场与他没有任何个人关系的（现场）判决时，并且他不相信原告或被告的供词。在这种情况下，观看电视的人与原告或被告之间的信任—被信任关系并不涉及本质上的脆弱性。

信任的风险相关性典型地涉及未来的不确定性、信息不对称、人类思想和行为的可变性和多样性等。因此，一个人既不能保证一切（即使是局部意义上的）已经按照或将要按照自己的预期发展，也不能保证没有非预期的事项发生。然而，事前信任是否有风险取决于所掌握的信息或关于他人可信性的知识，以及感知到的可信性与实际可

① 关于互动中可能涉及的具体决策，详见第2.4.2小节。

② SLOVIC P. Perceived risk, trust, and democracy [J]. Risk Analysis, 1993, 13(6): 675-676.

信性的定性一致性。具体来说，如果掌握的用以推测可信性程度的信息足够确定被信任者的品质（即要么可信要么不可信）并做出正确的判断，那么信任几乎没有任何风险；只有当信息不足或判断错误时，信任才是本质上有风险的。

（4）建立慢、下降快、重建难

很多人可能已经有所感知，信任的建立是缓慢的，但下降却很快，重建也很难。首先，信任的建立需要一个信息积累到一定程度的连续过程。如果没有发生难以忍受的不可信，信任就会自然建立。然而，信任倾向于对破坏信任的行为做出迅速反应。面对难以忍受的不可信，先前积极的信任态度可能会迅速变得非常消极。Slovic（1993）也论述到，信任“典型地建立非常缓慢，但也可能因为一次失误或错误而瞬间毁于一旦”[①]。更严重的是，重建信任可能比建立信任更加困难，因为以前不可信的不愉快经历等可能会使信任降至非常低的程度。在最极端的情况下，信任甚至不可能重建。

人际互动中的不可信通常包含被信任者的蓄意欺骗。对不可信性的迅速反应在很大程度上源于其中涉及的恶意。除了物质上的损失和可能直接相应的精神损失，涉及的恶意是人们确定无法忍受的或是在情感上抵触的。这也使人们对不可信更加厌恶。一言以蔽之，不可信本身是令人厌恶的。毫无疑问，他人行为背后的意图对信任者的心理有着特别重要的影响。信任者会根据他人的意图产生相应的情绪。这也部分（如果不是全部）解释了为什么会有忽视可能的信任利益的、看似非理性的选择。

信任重建是困难的。“信任重建”一词本身就意味着信任曾经遭到破坏。也就是说，曾经出现过关于可信性的负面信息（即反

① SLOVIC P. Perceived risk, trust, and democracy [J]. Risk Analysis, 1993, 13 (6): 677.

映不可信的信息），从而导致不信任。换言之，负面信任使人们倾向于远离相关的、可能不可信的行动者。这些关于之前不可信的记忆以及当前回忆这些记忆时的感受、态度和情绪会导致情绪上的抵触。信任重建的起点是负向信任，而其目标却是正向信任。这一事实本身就反映了信任重建所面临的困难。重建信任的一个绝对必要的条件是大幅度改善引起不信任的相应方面。信任受损后，如果没有改善可信性的迹象或者没有改善可信性的实际行动或成果，信任就不会重建。更何况，有的人宁愿不再信任以前的不可信行动者，即使这些之前的不可信之人的可信性有提高的迹象，也不愿意获得所谓信任可能带来的潜在利益，因为他们可能根本不把这些利益当作有价值的。而且，它是否会变成利益尚不确定。这种情况本身就会减少信任者的人数。此外，在信任得到改善之后，去信任的可能不是那些受到不可信性伤害的人，而是那些尚未或未曾较多受到不可信性影响的人。从这个意义上说，信任并没有“重新”建立。

2.1.3 信任的类型

根据信任关系中的主体和/或客体是否是人，可以有三种不同的情况，即主体和客体都是人、主体或客体有一方是人以及主体和客体都不是人。至于非人类是否有信任以及是否有人把非人类的某些行为当作信任与本研究无关，对本研究也不重要。在大多数情况下（如果不是所有情况），当人们谈论信任时主体总是人类。鉴于信任关系中的主体是人类，人们可能会谈论对另一个人/其他人或某物（非人类对象）的信任。不过，事先声明，除非明确指出，本研究讨论的信任始终是人际信任，即本研究中信任关系中的主体和客体都是面向人类的。需要注意的是，一些学者（如Roth，2009）可能会将人际信任和一般信任[①]等同对待。但本研究显然不是这样使用人际信任的。如前所述，本研究将人与人之间的信任称为人际信任，或简称为信任。下面就对其他学者及本研究对于信任的分类进行介绍。

Williamson（1993）将信任分为计算信任和个人信任。计算信任是指信任者根据预期效用计算对被信任者的委托；个人信任是指信任者认为信任被信任者的决策是正确的。

Lewis和Weigert（1985）认为，对信任充分的概念分析要求认识到信任的认知、情感和行为维度。受Lewis和Weigert（1985）提出的信任的前两个维度的启发，McAllister（1995）强调了人际信任的两种主要形式：一种是基于认知的信任，即“根植于个人对同伴可靠性（reliability）和可靠性（dependability）的信念”；另一种是基于情感的信任，即“根植于互惠的人际关怀（care）和关心（concern）”[②]。

Putnam（2000）区别了两种人际信任分，即厚信任（thick trust）和薄信任（thin trust）[③]。其中，厚信任是“嵌入于个人关系中，这种关系牢固、频繁，并嵌套在更广泛的网络当中”[④]（Putnam，2000）；而薄信任，是Putnam（2000）借用Rahn和Transue（1998）的一个短语，“可以被视为一种‘常设决策’来给予大多数人——即使是一个人从直接经验中并不认识的那些人——怀疑的好处”[⑤]。在Putnam（2000）看来，薄信任（thin trust）、社会信任（social trust）和一般化的信任（generalized trust）是同义词。厚信任更多地与个人

① 稍后将介绍和讨论的一种信任类型/形式。

② MCALLISTER D J. Affect- and cognition-based trust as foundations for interpersonal cooperation in organizations [J]. The Academy of Management Journal，1995，38（1）：25.

③ PUTNAM R D. Bowling alone：the collapse and revival of American community [M]. New York：Simon & Schuster Paperbacks，2000：136-137.

④ PUTNAM R D. Bowling alone：the collapse and revival of American community [M]. New York：Simon & Schuster Paperbacks，2000：136.

⑤ PUTNAM R D. Bowling alone：the collapse and revival of American community [M]. New York：Simon & Schuster Paperbacks，2000：136.

经历有关，而薄信任则更多地与社交社区规范（social community norms）有关（Putnam，2000）。同时，他还提醒读者不要将社会信任（social trust）与政治或制度信任（political or institutional trust）混为一谈，后者是指对政府或其他社会机构的信任（Putnam，2000）。

Uslaner（2002）区分了战略信任（strategic trust）和道德信任（moralistic trust），以及特殊信任（particularized trust）和一般信任（generalized trust）[①]。他认为，道德信任是“对我们不认识的人和很可能与我们自己不同的人的信任”[②]（Uslaner，2002）。我们可以看到，在他看来，至少在基础和稳定性方面，道德信任和战略信任是不同的。就基础而言，道德信任基于共享的基本道德价值观，而且，一个人自己的一般世界观比他人如何对待他在塑造道德信任时更为重要；相比之下，战略信任基于知识、个人经验，它涉及以风险为预先假定的个人信任决策（Uslaner，2002）。就稳定性而言，道德信任相当稳定，但“建立比破坏更困难”；而战略信任则是脆弱的，且发展缓慢（Uslaner，2002）[③]。

Uslaner（2002）指出，一般信任（generalized trust）是“大多数人都是你道德社群的一部分的感知”，而特殊信任（particularized trust）则是“对我们自己同类的……信心（faith）”，并且是“使用群体类别将人们划分为群体内或群体外的成员”[④]。因此，区分一般信任和特殊信任的标准在于一个人的道德社群（moral community）的包容性（Uslaner，2002）[⑤]。此外，一般信任同时基于“道德和我们

① USLANER E M. The moral foundations of trust [M]. Cambridge, United Kingdom: Cambridge University Press, 2002: 14-50.
② USLANER E M. The moral foundations of trust [M]. Cambridge, United Kingdom: Cambridge University Press, 2002: 15.
③ USLANER E M. The moral foundations of trust [M]. Cambridge, United Kingdom: Cambridge University Press, 2002: 24-25.
④ USLANER E M. The moral foundations of trust [M]. Cambridge, United Kingdom: Cambridge University Press, 2002: 26, 28.
⑤ USLANER E M. The moral foundations of trust [M]. Cambridge, United Kingdom: Cambridge University Press, 2002: 26-27.

的集体经验”，即道德信任；而特殊信任则依赖信任者的个人“经验（战略信任）或刻板印象”（Uslaner，2002）[①]。即便如此，一般信任和道德信任还是不同的（Uslaner，2002）[②]。

Leigh（2006）从实证研究的角度区分了本地化信任（localized trust）（即“对生活在同一社区的人的信任”）和一般化信任（generalized trust）（即“对生活在同一国家的人的信任”）[③]。

Elsner和Schwardt（2015）区分了情境信任（contextual trust）和一般信任（general trust）。他们论文中的这两个概念基于他们所谓的“互动场域（interaction arenas）”和“‘中观’大小的平台（meso-sized platforms）”，而“互动场域”和“‘中观’大小的平台”本质上是子群体及其重叠（Elsner and Schwardt，2015）。特定互动场域中的相机合作（contingent cooperation）为“该特定场域中情境信任的出现奠定了基础”[④]（Elsner and Schwardt，2015）。与在特定的单一场域中培养的情境信任不同，“一般信任是将这种（情境信任）转移到新的、未知的场域中”[⑤]（Elsner and Schwardt，2015）。

由于一般信任（generalized trust）及其与特殊信任（particularized trust）的比较在理论和实证研究中均引起了广泛关注，后面的小节[⑥]将对其进行进一步讨论。

本研究提供另外三种信任分类方式，它们将在本研究稍后一章（特别是第4章）的正式建模中发挥重要作用。首先，根据信任和特

① USLANER E M.The moral foundations of trust［M］. Cambridge，United Kingdom：Cambridge University Press，2002：26-27.

② USLANER E M.The moral foundations of trust［M］. Cambridge，United Kingdom：Cambridge University Press，2002：26.

③ LEIGH A.Trust，inequality and ethnic heterogeneity［J］. The Economic Record，2006，82（258）：26.

④ ELSNER W，SCHWARDT H.From emergent cooperation to contextual trust，and to general trust：overlapping meso-sized interaction arenas and cooperation platforms as a foundation of pro-social behavior［J］. Forum for Social Economics，2015，44（1）：78.

⑤ ELSNER W，SCHWARDT H.From emergent cooperation to contextual trust，and to general trust：overlapping meso-sized interaction arenas and cooperation platforms as a foundation of pro-social behavior［J］. Forum for Social Economics，2015，44（1）：78.

⑥ 见第2.2节。

殊信任影响事件（如特定互动或对他人互动的特定观察）的顺序，信任可分为事前信任和事后信任。事前信任是特定的信任影响事件发生之前的信任，而事后信任是在考虑到事件的影响后经过调整的信任。这种分类主要关注影响事件发生前后的信任变化，因此是一种动态视角的分类方式。其次，根据获取信任影响信息的方式，可将信任分为个人互动驱动型信任和观察驱动型信任。如果信任的变化是由人际互动中获得的关于他人可信性的信息驱动的，则属于互动信息驱动型信任；如果信任的变化是由与他人的非人际互动（如直接观察、通过大众传媒等）获得的信息驱动，则属于观察驱动型信任。这种分类专注于直接经验和间接经验的不同，这种不同涉及获取信息的不同成本和代价。最后，正如本研究一直提到的，信任是以他人可信性的信息为基础的，我们可以称之为基于信息的信任。然而，有些人对某事、某些人或一般意义上的其他人的信任可能主要是基于他们自身对可信性的信念，我们可以称之为基于信念的信任。这种信任相对比较稳定，对可信性负面信息的承受能力相对较强。此外，基于信念的信任也可能发生在信任相对稳定的阶段。不难发现，前两种分类均以信息为基础。此外，本研究中谈到的一般信任（general trust），如果没有特别说明也是基于信息的信任，而不是基于信念的信任（见图 2-1）。

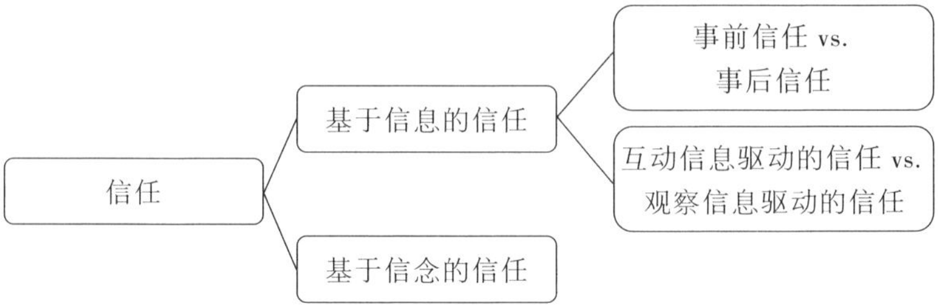

图 2-1　信任的类型

2.2 关于一般化信任

2.2.1 一般化信任和特殊信任，以及对陌生人的信任：对理解的修正

在不同的研究中，一般化信任（generalized trust）可能有不同的“名字”，如社会信任（social trust）（Bergh and Bjørnskov，2011）、一般信任（general trust）（Elsner and Schwardt，2014）和一般化信任（generalized trust）。本研究基本上也视这三个术语是可以相互替换的。同样，本研究也将特殊化信任（particularized trust）和特殊信任（particular trust）视为同义词。如果从互动情境中的个体角度来看，一般信任可以被视为一个人对下一个将与之见面和互动的不特定人的信任。

一般信任作为一种具体类型的信任，通常通过与另一种类型的信任进行对比来解释，从而使其含义更加清晰。除了上文提到的Uslaner（2002）的观点[①]，其他学者也给出了对一般化信任的理解和/或解释。Yamagishi 和 Yamagishi（1994）将一般信任（general trust）与基于知识的信任（knowledge-based trust）进行了对比，认为一般信任是在不完美信息（imperfect information）的情况下“对（潜在）同伴进行评价时的一种”积极的“认知偏差”，以及“对人性善意的一种一般信念……并不局限于特定对象”[②]。此外，一个广泛接受的一般信任和特殊信任（particular trust）的不同是根据是否涉及对陌生人的信任来进行区别的。例如，Delhey 和 Newton（2005）认为，“一般信任（generalized trust）是对我们可能不认识以及可能与我们

① 见第2.1.3小节。
② YAMAGISHI T，YAMAGISHI M.Trust and commitment in the United States and Japan［J］. Motivation and Emotion，1994，18（2）：139.

不相像的人的信任”，而“特殊信任（particular trust）是对我们认识或与我们相像的人的信任”[①]。此外，一些学者仅仅将一般信任局限于对陌生人的信任（trust in strangers）。然而，这种通过对陌生人的态度挂钩来区分一般信任和特殊信任的方法似乎没有触及这两个概念的本质。虽然一般信任可能涉及对陌生人的信任，但对陌生人的信任并不是一般信任的标准。

特殊化信任（particularized trust）和一般化信任（generalized trust）以及对熟人的信任（trust in familiars）和对陌生人的信任（trust in strangers）是两种不同的分类视角。区分一般化信任和特殊信任的关键在于信任的客体是否具体指定。如果信任的客体是具体指定的，那就是特殊化信任；反之，就是一般化信任。这两个短语并不能共同将一定范围内的人群划分为不同的、互补的子集。相比之下，对陌生人的信任和对非陌生人的信任（包括对熟人的信任）则可以。一般化信任和对陌生人的信任之所以经常被捆绑在一起，也许可以归因于社会调查问卷中关于一般化信任的标准问题[②]，以及现实生活中陌生人在数量上的压倒性优势。

图2-2基于五个假设展示了一般化信任与对陌生人的信任之间的一种可能关系：(1) 考虑的潜在范围是一个社会的总人口；(2) 一个人对“一般来说，你认为大多数人都可以信任吗?”这个问题的回答是“是”；(3) 此人属于正在被考虑的总人口，如一个国家；(4) 此人只有熟人和陌生人，即除了熟人和陌生人之外没有其他类别；(5) 人口规模，即使没有明确指出，也比一个人的熟人数量大很多。在图2-2中，正方形中的点代表人；圆圈内是一个人的熟人，圆圈外是他的陌生人；斜线将所考虑的总人口分为信任的人和不信任的人，

---

① DELHEY J，NEWTON K.Predicting cross-national levels of social trust：global pattern or Nordic exceptionalism? [J] European Sociological Review，2005，21（4）：324.

② 见2.3.1小节。

左上方代表一个人信任的人，右下方代表其不信任的人。实际上，可能有四种情况：（1）圆圈位于信任区域（即斜线的左上方区域）；（2）一半以上的圆位于信任区域；（3）一半以上的圆位于不信任区域（斜线的右下方区域）；（4）圆圈位于不信任区域。图2-2显示的就是第二种情况。在前三种情况中，一般化信任和对陌生人的信任并不一致。只有在第四种情况下，它们才是一致的。特殊信任与一般信任的客体以及对熟人的信任与对陌生人的信任的客体可能会在某种程度上重叠。从这个意义上说，一般信任和特殊信任都可能涉及强关系（strong ties）和弱关系（weak ties）。此外，当一般信任的范围不是一个国家的所有人时，一般信任和对陌生人的信任会有更大的不同。这只是假设被信任的大多数人可以被指出的情况。实际上，一般信任的整体印象总是在没有考虑人口中每一个单独的人的情况下形成的。如前所述，这是一个类似于抽样过程的整体印象。

图2-2　一般化信任与对陌生人信任的一种可能关系

如前所述，区分一般化信任（generalized trust）和特殊化信任（particularized trust）的关键标准是信任的客体是否具体指定。这是由“一般化（generalized）”和“特定化（particularized）”这两个词的含义决定的。Uslaner（2002）在解释它们的不同语法时认为，一般化信任（generalized trust）的语法是“A信任”，而特殊信任

（particular trust）的语法是“A 信任 B”。笔者认为这是一个既准确又直接的解释[①]。从这个意义上说，群体信任（group trust）也是特殊化信任，因为信任的对象是特定的。Uslaner（2002）也持有类似观点。他认为，群体信任将“人划分为内群体成员（in-groups）或外群体成员（out-groups）”[②]，是特殊化信任（Uslaner，2002）。群体信任的一个典型特征是一定范围内的人的某些明显的共同特征（如地理区域、职业、成员身份等）成为了这些人的标签，并且这些人被称为一个整体。对个人的特殊信任和对群体的特殊信任的一个共同点是它们似乎都受到声誉的影响，我们可以分别称之为个人声誉和群体声誉。相比之下，一般化信任并不对人进行分类，它模糊了人与人之间可能的分类界限，即特殊性，而是将他们视为一个整体。总之，它是一个人对感知的可信性的一种整体而综合的态度、印象或评价，而不是一种信念。这种可信性感知来自包含这个人和许多其他人共同生活的社会。

此外，对陌生人的信任中的“陌生人”一词是泛指，对陌生人的信任能否归类为群体信任多少有些微妙。一方面，陌生人在任何范围内都会形成一个集合或群体，在其中的所有的人均为一个人不认识的人。从这个意义上说，“对陌生人的信任”更像是一个群体的、特殊化的概念，因为“陌生人”作为信任客体是具体指定的。然而，另一方面，将陌生人视为一个群体与我们通常所说的群体又有所不同，因为这个“群体”没有明显的共同特征，尽管他们均为自己不认识的人。还应该注意的是，先入为主的观念以及不可信行为倾向于来自陌生人这一事实在很大程度上影响着人们信任陌生人的判断。

---

① USLANER E M. The moral foundations of trust［M］. Cambridge, United Kingdom: Cambridge University Press, 2002: 27-28.

② USLANER E M. The moral foundations of trust［M］. Cambridge, United Kingdom: Cambridge University Press, 2002: 28.

“对陌生人的信任”和“一般化信任是否包含对陌生人的信任”是两个不同的问题，这是非常重要的一点。对陌生人的信任作为信任的一种类型，在某种程度上是特定化的。但一般化信任，即使不是完全，也几乎是确定无疑地包含了对未具体指定的陌生人的信任，这就是一般化信任这一短语向我们传达的内涵。这两种说法并不矛盾，这就是陌生人是如何与一般化信任联系在一起的。这两个词之所以总是捆绑在一起，是因为社会中的大多数人都是陌生人。然而，需要注意的是，这里的“大多数人”和一般信任的标准问卷调查问题“一般来说，您认为大多数人是否值得信任”所指的人范围并不相同（如图2-2所示）。

作为对一般意义上的其他人的可信性的总体评价，一个人的一般信任不一定要以他在一定范围内与大多数人事实上打过交道为基础。可以猜测，当一个人说出他的一般信任时，很可能不是在与精确的大多数人打过交道之后做出的判断，因为一般信任指的是一个非常大的范围，比如一个国家的人口。因此，样本和总体应该被很好地区分开来。从这个意义上说，一个人的一般信任度本质上只是一个粗略的统计，而无论他的样本（即一个人知道的社会中反映可信性的各种信息，包括个人具体的信息）是否在统计意义上具有代表性。如果统计结果被用来推测相应的个体特征，可能会得出错误的结论。因此，特定可信性（particular trustworthiness）可以为一般可信性（general trustworthiness）和一般信任的估计提供样本规模，但不能用来推测特定可信性。

2.2.2 群体信任和一般化信任

如前所述，在谈及对特定群体的信任时，群体信任（group trust）是特殊的；但鉴于所考虑的群体都在人们讲述其一般信任的范围之内，在谈及对不同领域足够数量的群体的信任时，所有这些以某种方式结合起来的群体信任可能会在某种程度上传达类似于一般信任的信息，因为涉及更多的人，而且毕竟讲述不同种类信任的人与那些属于一般意义上的其他人的群体共同生活在社会中。然而，从各种特定群体以及大规模的特定个人那里提取信息，对于一个人讲述出其一般化信任并不是不可或缺的。想象这样一个情景，现在你正在被问及关于一般信任的问题。很可能不用真正与本国的大多数人打过交道，你也可以立即选择一个答案。此外，将对某一特定群体的信任视为对该群体的一般信任在某种程度上也是合理的。然而，应该注意的是，通常情况下，即使没有为一般信任指定明确的范围（如一个人所居住的国家）时，群体信任中的群体在规模上也要比一般信任的范围小得多。此外，群体信任通常不包括做出判断的人，而一般信任则包括。如果某个人讲述的是对另一个国家的人的信任情况，这也是群体信任，而非一般信任。

群体信任与群体声誉或群体污名密切相关，而且，负面评价总是与污名相关。群体污名可以被视为一种负面的群体声誉，是一种偏见、负面评价、刻板印象等。Goffman（1986）用污名（stigma）来"指一种极其有损名声的属性"[①]。Goffman（1986）强调污名有三种类型，分别是"身体的憎恶（abominations of the body）"、"个人性格的瑕疵（blemishes of individual character）"和"部落污名（tribal stigma）"[②]。然而，Goffman（1986）指出，只有"与我们对给定类型的个人的刻板印象不协调"的不合意属性才是问题所在[③]。"污名，

---

① GOFFMAN E.Stigma：notes on the management of spoiled identity［M］. New York：Simon & Schuster，Inc.，1986：3.另外，该书最初出版于1963年。

② GOFFMAN E.Stigma：notes on the management of spoiled identity［M］. New York：Simon & Schuster，Inc.，1986：4.

③ GOFFMAN E.Stigma：notes on the management of spoiled identity［M］. New York：Simon & Schuster，Inc.，1986：3.

……是……属性与刻板印象之间的一种特殊类型的关系”[1]（Goffman，1986）。显然，群体信任中的负面印象或评论与Goffman's（1986）的第三类污名有关。当然，群体在某种程度上可能与互动平台（interaction platforms）有关，后文将对其进行更详细讨论[2]。

关于一个特定群体的可信性[3]信息可以是第一手信息，也可以是非第一手信息；而关于一个群体的一手信息，无论是好是坏，都是通过与该群体中的人进行的实际互动而获得的。假设一个正在表达其对某个群体的群体信任的人自己的群体（比如，群体A）与他发表意见的群体（比如，群体B）是不同的，并且互动是通过面对面的方式而不是电信方式进行的，那么有三种情形两个群体的人可以进行互动并且其中一个群体的人可以获得另一个群体的第一手可信信息：第一，群体A的一些人去到群体B群体中，把他们对群体B的印象带回群体A；第二，群体B的人去到群体A中，群体A的人对群体B形成一些看法；第三，两个群体的人都到第三个地方去，两个群体的人在第三个地方进行互动，群体A的人形成对群体B的人的看法。

然后，已经与群体B中的人进行过互动的群体A中的人掌握着关于群体B可信性的一手信息，并且可以通过个人互动或媒体将这些关于群体B可信性的信息传递给本群体（即群体A）中的其他人。群体A中从未与群体B接触过的其他人则从群体A中接触过群体B的人那

---

① GOFFMAN E.Stigma：notes on the management of spoiled identity［M］. New York：Simon & Schuster，Inc.，1986：4.

② 见第3.1.8小节。

③ 请注意，这里的“特定群体的可信性”并不意味着该群体的集体行为反映了可信性，这一点从后面的内容中可以看出。事实上，这里考虑的并不是一个群体的集体行为，尽管它也可以为评价该群体的可信性提供证据。与一般信任一样，对特定群体可信度的一般印象也可以通过获取该群体中并非所有个体的可信度的相应信息（如通过个人交往）来形成，这可以被视为一个抽样过程，从中可以得出一些相似性，尽管通过这种方式形成的印象可能会有偏差。总之，本节所讨论的并不是一个群体的集体行为。

里获得二手信息，或者更准确地说，是非一手信息。由于现在阐述的是一个群体对另一个群体的群体信任，因此关注的是一手信息在信息接受者自己所在群体中的传播，而不是在第三群体中的传播。群体A中有多少人拥有关于群体B的一手信息及其比例都可能影响群体A中二手信息接受者对群体B的看法以及信息扩散的具体过程。举个极端的例子，假设只有一个人与群体B中的人进行过互动，他对群体B的真实印象（可能是误解）被毫不夸张地传播到了群体A。不难想象，给定信息扩散过程中不存在信息扭曲，那么所有二手信息的接受者都会得到相同的信息。相比之下，当群体A中有许多人之前与群体B中的人进行过互动并且因此许多人都掌握了一手信息时，可能会出现两种常见情况：第一，当一个拥有一手信息的人率先表达他对群体B的看法时，群体A中其他同样拥有一手信息和类似看法的人可能会受到激发而跟进讲述他们的类似经历和看法。在这种情况下，群体A中的二手信息接受者也可能倾向于有类似的先入之见。第二，不同的人表达不同的、而且通常最终变成是两个几乎相反的观点。在这种情况下，群体A中的二手信息接受者可能会同时获得两种观点，并决定遵循哪一种观点。

需要注意的是，一手信息从群体B被带回群体A后，即使不存在故意的信息歪曲，也有可能对群体B中的人的某些行为的意图和目的产生误解，尤其是在对群体B内部的当地语言、文化背景和其他“缄默”知识（“tacit” knowledge）缺乏足够了解的情况下。而这些知识是无法从所呈现的行为中直接推断出来的。

2.2.3 一般信任的形成与实施

（1）从特殊到一般：面向经验的形成

一个人对过去的所知可能会在一定程度上影响其个人信任水平。

这里强调的一点是经历。一个人不仅有其个人的实践经历，还对其他人的经历有所了解；他不仅可以知道他同时代人的一些经历，还可以通过语言交流、文字记录、视频等传递“思维习惯（habits of thought）”的方式了解早代人的经历。传统是从遥远的过去流传下来的。共享经历的一个典型例子就是集体记忆。没有两个人拥有完全相同的生活经历，这导致不同的人类个体拥有不同的思维习惯，进而形成不同的行为习惯（habits of behavior）。Denzau和North（1994）①认为，“心智模式（mental models）的整个结构都源于每个人的经历——当地物理环境和社会文化语言环境所特有的经历”。除了个人经历的绝对差异，相似的经历或集体记忆也可能推动相似观点的产生。

信任不是一般信任的特例，相反，一般信任是信任的特例。从个体角度来看，信任的一般化过程可以被视为从人口的一个样本到整个人口的推测结果。Elsner和Schwardt（2014）对信任如何一般化做出了积极解释。他们认为，制度化合作行为的半意识习惯（semi-conscious habituation of institutionalized cooperative behavior）是“一般化可信性（generalized trustworthiness）促进一般信任水平提高的前提条件”②（Elsner and Schwardt，2014）。他们认为，一般信任（general trust）源于“反复经历的合作行为”，这种行为为“习惯性合作行为模式（habitual cooperative behavior pattern）中”的情境信任（contextual trust）奠定了基础③（Elsner and Schwardt，2014）。此外，在一个习惯化（habituation）的过程中，一般信任是

① DENZAU A T，NORTH D C.Shared mental models：ideologies and institutions［J］. KYKLOS，1994，47（1）：14.

② ELSNER W，SCHWARDT H.Trust and arena size：expectations，institutions，and general trust，and critical population and group sizes［J］. Journal of Institutional Economics，2014，10（1）：124.

③ ELSNER W，SCHWARDT H.Trust and arena size：expectations，institutions，and general trust，and critical population and group sizes［J］. Journal of Institutional Economics，2014，10（1）：124.

在若干个中观规模（或许是重叠的）场所（arenas）和平台上从情境信任发展而来的（Elsner and Schwardt，2014）。从 Elsner 和 Schwardt（2014）的分析中还可以看出，尽管在他们的论文中一般信任并不是从个人角度出发的，但可信性的证据是边际收集的。可信性证据被视为一个人推断现实的代表，并构建了他的一般信任水平。

因此，信任的一般化过程在很大程度上是面向经验的，或者说是后向的。在每一个与信任相关的事件发生后，它在我们的头脑中边际添加。在当前时间点之前发生的与信任相关的所有事件构成了个人对某一事物进行综合评价的“原料”，尽管我们不一定记得每一个细节。在我们的头脑中，可能会通过各种不同的机制（如对事件进行分类等）来“整理”不同的事件。在对个人信任态度的最终影响上，不同的事件也可能具有不同的权重。权重可能受到事件发生的时间、记忆、看重的方面、信息获取渠道、事件的心理作用等因素的影响。然而，人类并不是机械地对外部刺激做出反应。我们可能会有自己的额外观点、一些进一步的考虑、深刻的见解以及丰富的想象和联想。

一般信任或多或少可以被认为是一种对涵盖相对较广范围的人、事物、事件或现象的概念的一般的、整体的态度，而不是一个特定的对象。虽然与信任相关的事情很可能是一个一个地发生，但它们的作用就像一个样本。个人可以用这个样本来描述其周围的环境并形成自己的一般信任，这个一般信任也许是有边界的。为什么说“也许是有边界”的呢？举例来说，我们对社会环境有一个总体印象并且产生了一般信任；我们对一个行业也可能有一般信任，但在这种情形中，不合适用于对单个公司的信任；我们对一家公司也可能有一般信任，但在这种情形中，不适用于对该公司的单个员工或任何一个人的信任。

总之，一般和特殊是两个相对的概念，其适用性取决于具体情况。此外，个人最终形成的态度并不一定反映现实，即使是在近似意义上。它甚至可能与现实完全相反。不同的人由于不同的经历和对人性的信念可能会对一般可信性做出不同的判断。其关键是所掌握的信息。缺乏关键信息甚至会导致定性相反的结论。

（2）从一般到特殊：面向预期的实施

如果信任的一般化过程是后向看的、面向经验的，那么一般信任的输出就是前向、面向预期的。这种一般信任在未来的时间点上以特殊（particular）的方式发挥作用。具体来说，如前所述，外界的各种不同的信息进入我们的大脑，并在我们的大脑中得到过滤、分类和解释，然后我们综合构建出一种信任的一般态度。当实际行动/互动发生时，这种信任的一般态度总是体现在特定的人上，或特定事件涉及的不同各方上。例如，某人之前数次通过诸如大众传媒或互联网等渠道获得了有关食品服务行业现存问题的信息，类似事件随后发生。然后，他可能会对整个食品服务行业的可信性形成一个总体印象。进一步，当现在需要对购买食物做出决策时，他的一般信任所影响的实际上是未来的这一特定互动。比如一个人一般来说不信任他人，那么在未来的特定互动中，他就会倾向于向特定的互动者充分显露或无意中流露他的不信任。

需要注意的是，将信任（各种信任）只与过去或未来联系起来进行考量是不全面的。信任是一根线，将过去、现在和未来单独缝合在时间轴上。记忆将过去与现在相连，想象和预期将未来与现在相连。

总之，信任可以是一般性的，但当它真正发挥作用时，很可能会以一种特定的方式反映出来。一个人可以对一个集体抱有一个一般性的态度，但当转移到具体的互动时，他的态度是特定实施的。图2-3展示了一般信任的形成和实施过程。

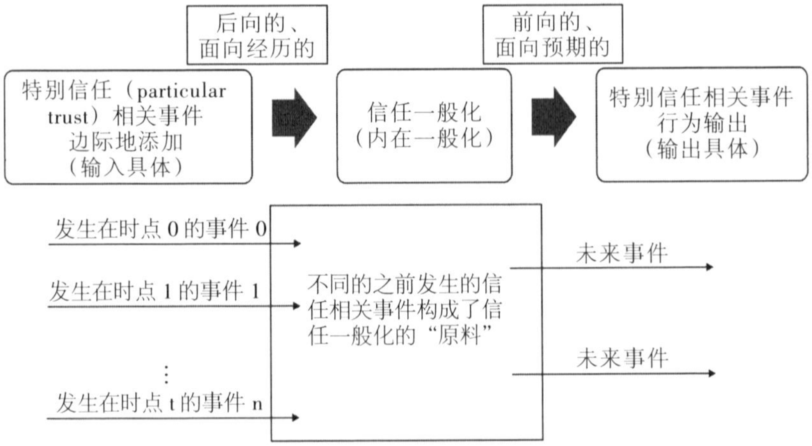

图 2-3　一般信任的形成和实施

2.2.4　经验与预期

经验和预期是相对的，随着时间的推移而动态变化。以“现在”为分界点，经验是关于现在之前的事情；而预期则是关于未来的事情，是关于现在之后的事情。我们预期在未来某个时间点的事件，会在那个时点经过之后变成过去和经验。未来具有不确定性，然而，在经历过之后，不确定性将会转变成既定事实和确定性（见图 2-4）。总之，时间最终会将所有的预期逐渐转化为经验。

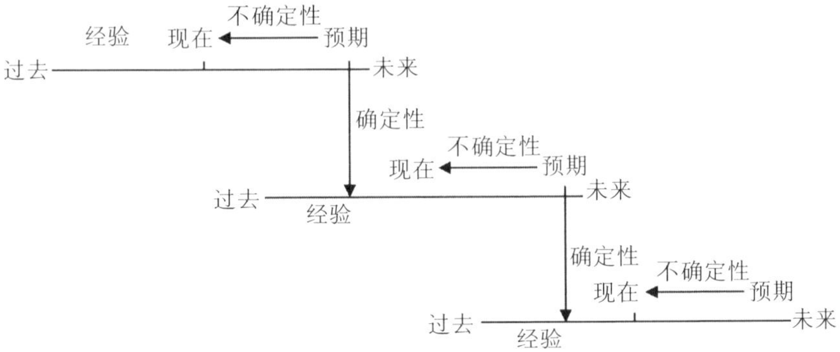

图 2-4　经验与预期

需要注意的是，预期与后来的事实保持一致并不一定会增加信任。预期与后来的事实一致性对信任的影响还取决于所预期的事是合意的还是不合意的。这具体会产生四种情况：第一，当预期的事情是合意的，且后来的事实证实了预期，则有利于信任的增加；第二，当预期的事情是合意的，但后来的事实否认了预期，则不利于信任的增加；第三，当预期的事情是不合意的，且与后来的事实一致时，会巩固不信任；第四，当预期的事情不合意，但与后来的事实不一致时，则有利于信任的增加（见表2-1）。

表2-1　**预期和后来的事实对信任的影响**

	与事实的一致性	
	一致	不一致
合意的	增加	减少
不合意的	减少	增加

此外，个人亲身经历可以修正来自非个人亲身经历的信息的印象。这种修正可能是两方面的：一方面是亲身经历与非亲身经历信息相吻合时，会加强先前的印象；另一方面是两者不吻合时，会削弱先前的印象。关于经历与预期，本研究从不同的角度进行了分类：

（1）经历的类型

①童年经历与成年经历

根据年龄阶段的不同，经历大致可分为童年经历和成年经历。童年经历比成年经历对人格和性格的塑造影响更大。此外，负面的童年经历，尤其是重大的负面童年经历，甚至会给人留下心理阴影或精神创伤。

② 个人经历与非个人经历

个人经历指的是发生在自己身上的事情，而非个人经历指的不是发生在自己身上而是发生在别人身上的事情。人们可以通过不同的信息渠道获取关于非个人经历的信息。其他条件相同的情况下，个人经历可以提供最直接的感受。相比之下，来自非个人经历的感受主要源于两个视角：一是一个人想象发生在他人身上的事情也发生在自己身上；二是作为或者像一个旁观者一样思考发生在他人身上的事情。此外，非个人经历还与Bandura（1977）所说的替代学习[①]有关。与个人经历一样，非个人经历对个人态度（如信任态度）、观点和行为（如信任行为）也有很大影响。

③ 积极经历与消极经历

不考虑那些没有明显影响的经历，一个人的经历可以是积极的，也可以是消极的。如果某种经历是不合意的，或对人的心理有负面影响（如引起消极情绪）等，那这种经历就是消极的；相反，如果某种经历是合意的，或对人的心理有积极影响等，那这种经历就是积极的。以个人信任为例，那些反映他人不可信并让人产生不信任感的经历可以归类为消极经历；相比之下，让人产生信任感的经历则属于积极经历。

（2）预期的类型

一个人的预期会影响其当前和未来的态度和/或策略行为。此外，人们的预期也可能相互影响。Zucker（1986）将预期分为构成性预期（constitutive expectation）和背景性预期（background expectation）。本研究从不同的标准将预期进行如下分类：

① 积极预期与消极预期

如果预期的事物会朝着合意的方向发展，则可称为积极预期；反之，则为消极预期。积极预期和消极预期对人的心理产生不同的影响，并可能激发不同的情绪和行为。在相当大程度上，积极预期源于

---

① 见第3.1.3小节。

积极经历，而消极预期源于消极经历。

② 基于自身的预期与基于原因的预期

根据预期是否与相应事件的行为载体一致而做出，可将预期分为基于自身的预期和基于起因的预期。如果预期是根据行为载体本身的性质而做出，则是基于自身的预期。例如，你知道某人在某种事情上不可信，那么当他对该种事情做出承诺时，你就会预期他很可能不会信守承诺。这种预期是基于信任对象（即本例中做出承诺的这个人）本身的特点。与此不同，如果是因为发生了其他事情才预期会发生某件事，这就是基于原因的预期。例如，一家著名的大型制药公司卷入了一起药品质量丑闻，你可能会预期该公司的股价（如果该公司是一家上市公司），甚至在某些情况下整个制药行业的股价，至少在接下来的若干个交易日里会因这一信息而下跌。这种预期是基于外部起因对预期事件行为载体的影响。

③ 定量预期与定性预期

如字面所示，定量预期是通过数学方法计算出来的预期，需要对预期事件的可能结果及其概率分布有足够的认识。相比之下，定性预期总的来说是通过直觉或非直觉对事件或人进行判断而得出的预期。例如，某人看起来像好人还是坏人？某人的行为无意间流露出的是好的意图还是坏的意图？在某种特定情况下，某人更可能可信的行为还是不可信的行为？在每天的实际生活中，人们在进行预期时更多是转向定性预期。这主要是因为定性预期相对容易实施且实施起来节约时间和成本，但却对日常决策足够有效。相反，定量预期则更多用于需要精确性的专业领域以及严肃的决策等。

2.3 一般信任的衡量与表示

2.3.1 利用问卷调查数据测量微观层面的一般信任

“一般信任”是个人的一般信任，其在各种中外微观调查[①]中通常通过这样或类似的问题来衡量：“一般来说，你认为大多数人是可以被信任的吗？（Generally speaking，would you say most people can be trusted?）”。在WVS和EVS中，一般信任的标准问题和答案选项几乎相同。以WVS为例，在WVS第6次调查（Inglehart et al.，2014）中，这个问题是“Generally speaking，would you say that most people can be trusted or that you need to be careful in dealing with people?（一般来说，你认为大多数人可以信任，还是与人打交道时需要小心?）”，并包含两个选项：“1.大多数人可以信任”；“2.需要非常小心”。ESS提出了同样的问题，但答案类型不同。在ESS 7（European Social Survey，2014）中，这个问题是“generally speaking，would you say that most people can be trusted，or that you can't be too careful in dealing with people?（一般来说，您认为大多数人可以信任，还是与人打交道时怎么小心也不为过?）”其答案采用11级量表（11-point scale），0代表“你需要非常小心”，10代表“大多数人可以信任”。WVS、ESS和EVS中的一般信任问题的一个共同点是，这些问题没有显示出明显的范围。正如Glaeser et al.（2000b）所指出的，标准问题中存在的解释困难之一是“对于谁包含在‘大多数人’中存在不同的理

① 如欧洲社会调查（European Social Survey，ESS）、欧洲价值观研究（European Values Study，EVS）、世界价值观调查（World Values Survey，WVS）、中国综合社会调查（Chinese General Social Survey，CGSS）等。

解”[①]。为了在某种程度上提高效率，CGSS 2015（中国人民大学中国调查与数据中心，2015）的问题是：“总的来说，您同不同意在这个社会中，绝大多数人是可以信任的?”这里的“在这个社会中”为受访者提供了一个范围。此外，其答案采用5级李克特量表（5-point Likert scale）。其中，“1”表示“非常不同意”，“2”表示“不同意”，“3”表示“都不同意”，“4”表示“同意”，“5”表示“非常同意”。

关于“一般信任”这个标准问题，我们可能会有这样的疑问，比如：（1）一般信任的标准问卷调查问题事实上究竟在衡量什么？是信任还是可信性？是谁的信任和可信性？（2）受访者会从哪个角度理解这个问题？（3）一般信任的范围。其范围是否广泛到足以涵盖陌生人？

关于第一个问题，Putnam（2000）[②]、Glaeser et al.（2000b）以及Alesina和La Ferrara（2002）都认为，一般信任的标准问卷调查问题实际上反映的是可信性，但是针对是谁的可信性有不同的看法。Putnam（2000）[③]、Alesina和La Ferrara（2002）认为，受访者根据一般的其他人（general others）的可信性来回答这个问题，而Glaeser et al.（2000b）在进行了一项实验后主张，标准问卷调查问题实际上测量的是受访者自己的可信性。在这个问题上，本研究与Putnam（2000）以及Alesina和La Ferrara（2002）持相同的观点，即受访者根据社会中其他人的可信性来回答这个问题。这也符合本研究的其中一个观点，即可信性为信任提供基础。

关于第二个问题，受访者回答一般信任的标准调查问题至少有两

① GLAESER E L，LAIBSON D I，SCHEINKMAN J A，et al.Measuring trust［J］. The Quarterly Journal of Economics，2000b，115（3）：815.

② PUTNAM R D.Bowling alone：the collapse and revival of American community［M］. New York：Simon & Schuster Paperbacks，2000：137.

③ PUTNAM R D.Bowling alone：the collapse and revival of American community［M］. New York：Simon & Schuster Paperbacks，2000：137.

种可能。一种是从样本推断的角度。受访者首先综合感受他们的个人经历、听说过的其他人的经历、新闻报道等给自己留下的印象；然后在脑海中推测整个范围内的人的可信性；最后给出总体评价。另一种是从信念角度出发。受访者只考虑“大多数人都值得信任”这句话是否很可能是真的，而不考虑个人经历等因素。例如，一个人可能坚信大多数人是可以被信任的并且他今后将来会遇到好人，尽管他已经有了很多不愉快的经历。

关于第三个问题，Knack和Keefer（1997）以及Uslaner（2002）[①]都认为，一般信任的标准调查问题的范围并不局限于熟人。具体来说，Knack和Keefer（1997）认为，“‘人’这个词足够宽泛，以至于回答不应仅仅反映对于朋友和家人行为的预期”[②]。Uslaner（2002[③]；2005）认为，该问题确实反映了对陌生人的信任。本研究大体同意他们的观点。本研究认为，给定受访者确实考虑了一个范围，而不是在头脑中有根深蒂固的先入之见认为世界上大多数人是好的，那么这个问题所暗示的范围，或者说它引导受访者考虑的范围，就一定不局限于熟人这个小圈子。尽管严格来说，我们并不确切地知道这个范围以及不同经历等对受访者头脑中总体评价的影响权重。

从直觉上讲，一般信任的范围一定不会太小。但一些人可能仍会对在一般信任标准调查问题中的“大多数”这个词的精确比例感到困惑。然而，试图为“大多数”确定一个确切的数字似乎并不明智，因为一个具有近似含义的词并不是为确切表达而创造的。我们所知道的是，“大多数”肯定大于50%。

---

① USLANER E M. The moral foundations of trust［M］. Cambridge，United Kingdom：Cambridge University Press，2002：51-75.

② KNACK S，KEEFER P. Does social capital have an economic payoff? A cross-country investigation［J］. The Quarterly Journal of Economics，1997，112（4）：1256.

③ USLANER E M. The moral foundations of trust［M］. Cambridge，United Kingdom：Cambridge University Press，2002：51-75.

表示数量的词可分为两种。一种是表示具体数字的词，如“一”“二”“三”等。另一种是表示一定范围的数字的词，如“大多数”“大约”等。代表具体数字的词可以用代表不具体数字的词来表示，但反之则不然。“大多数”本身就是代表不具体的数。因此，纠缠于它到底是“60%”还是“80%”既没有意义，也没有必要。总之，代表不具体数字的词不是为了反向推断出一个具体数字而创造的。

2.3.2 利用问卷调查数据测量宏观层面的一般信任

实证研究中宏观层面的一般化信任（generalized trust）总是运用问卷调查中微观层面的一般化信任数据来计算。具体来说，在一般信任的跨国实证分析中，或是在对某一国家一般信任水平的历时改变的研究中，国家层面的一般化信任是用一国所有受访者中，对一般化信任的标准调查问题“一般来说，你认为大多数人是否值得信任?”的回答中回答“是”或在Likert型选项中选择了高于某一选定水平分数（如中间分数）的受访者比例来表示的（Knack and Keefer，1997）。例如，给定该一般信任调查问题只有“是”和“否”两个选项，且一个国家的所有受访者都给出了明确的答案。如果在所有1 000名受访者中，有700名受访者回答“是”，那么该国的一般化信任水平就是70%。又如，假设该一般信任标准问题有五个Likert型选项，分别为“非常不同意”、“不同意”、“一般”、“同意”和“非常同意”，并且某国1 000名受访者中有700人选择了后两个选项。那么，该国的一般化信任就被视为70%。

这种方法易于理解和操作，且具有一定程度的合理性。然而，用这种方法对一般信任无论是进行跨国比较和还是进行历时比较，都可能存在至少到目前为止还无法解决的内在困惑方面问题。就跨国比较而言，一个国家的受访者可能出于某种原因普遍倾向于报告比真实感受更高的信任水平，而另一个国家的受访者可能普遍赋予不可信事件更大的权重。

关于历时比较，Putnam（2000）给出了宏观层面一般化信任（generalized trust）变化背后的三种可能性："如果现在更少的受访者说'大多数人是可以信任的'，这可能意味着以下三种情况中的任何一种：（1）受访者准确地报告了如今诚实更稀缺了；或者（2）其他人的行为并没有真正改变，只是我们变得更加多疑；或者（3）我们的道德要求和其他人的行为实际上都没有改变，但是我们现在掌握了更多关于他们背叛行为的信息，也许是因为媒体的报道更加耸人听闻。"①

2.3.3 用信任博弈中的投资行为衡量信任

在行为实验中，信任也是通过信任博弈中的投资行为来衡量的。著名的信任博弈原型是Berg、Dickhaut和McCabe（1995）提出的投资博弈。

Berg、Dickhaut和McCabe（1995）的投资博弈是一个在大学本科生中实施的双人博弈。该博弈要求匿名且只有一次互动，因为其目的是研究信任作为互惠机制的作用，这就需要排除其他可能的互惠机制，包括声誉、契约性预先承诺和惩罚（Berg、Dickhaut and McCabe，1995）。Berg、Dickhaut和McCabe（1995）实施了两种实验处理方法，一种是无历史处理方法（no history treatment），另一种是社会历史处理方法（social history treatment）。其中，无历史处理方法是基准。无历史处理方法的基本过程是这样的：每个受试者（subject）都有10美元的出场费（show-up fee），并且所有受试者被分

① PUTNAM R D.Bowling alone：the collapse and revival of American community［M］. New York：Simon & Schuster Paperbacks，2000：137-138.

在两个房间（A房间和B房间）。在第一阶段，A房间的受试者必须决定从自己的10美元中拿出多少给B房间的匿名伙伴作为投资。这笔钱在交给B房间的匿名伙伴时会翻三倍。在第二阶段，B房间的受试者决定从他收到的钱（即他伙伴的三倍“投资”，不包括他自己的10美元出场费）中拿出多少还给A房间的伙伴。社会历史处理方法与无历史处理的区别在于，前者处理方法中的受试者会被告知后者处理方法的汇总结果（Berg、Dickhaut and McCabe，1995）。

此外，基于Berg、Dickhaut and McCabe（1995）设计的信任博弈，其他学者也对博弈中的信任行为进行了富有意义的探索（Bohnet and Zeckhauser，2004；Bohnet et al.，2008；Cox，2009；Fahr and Irlenbusch，2000；Sapienza、Toldra-Simats and Zingales，2013）。

许多研究都基于此信任博弈对信任行为进行了探索。正如我们所看到的，在信任博弈实验中，将自己的出场费的一部分给匿名伙伴的行为被视为信任行为。然而，需要注意的是，这种信任博弈实验的一个潜在问题是，被作为信任行为的给钱行为是否反映了信任。具体来说，这种实验中的受试者可能不会把出场费当作参与实验的报酬，他们可能更享受实验的整个过程而不太在乎金钱报酬；如果出场费肯定不属于自己，他们也不会感到难过。这种情况下，给钱行为将根本无法反映信任。

2.3.4 用合作份额在演化博弈论的Agent-Based建模中衡量社会信任

在涉及博弈论模型的研究中，信任的定义和衡量通常基于所研究的整个群体在一段时间内的合作行为。比如，Wäckerle、Rengs和Radax（2014）[①]使用“整个群体中合作行为的平均份额”来表示社

① WÄCKERLE M，RENGS B，RADAX W.An agent-based model of institutional life-cycles［J］. Games，2014，5（3）：172.

会信任。然而，需要注意的是，信任与合作并不总是一致的。相对而言，信任强调的是心理，而合作强调的是行为。信任可能驱动合作，但合作行为也可能出于其他目的或意图。因此，这种衡量社会信任的方法实际上是基于这样的潜在的假设：只有信任才能引起合作行为。另外，值得注意的是，在正式模型中用什么来表示信任在某种程度上与使用何种方法有关。

2.3.5 用概率表示微观信任

本研究认为，个人信任最基本的功能在于它对互动意愿的影响。互动意愿是是否互动的前提。没有互动意愿，互动就不会发生，互动的后果也不会发生，包括合意的后果和不理想的后果。就互动意愿而言，基本上有两种情况：一种是在了解了对方的品质之后的互动愿意；另一种是在了解了社会上存在的一些不被认可的行为和现象之后的互动愿意。除非有其他目的，否则人们通常不愿意与自己不信任的人互动，或者在不可信的情境/情况下进行互动。由于不信任而不愿意互动，可能是为了避免被察觉的金钱、时间、精神或情感等方面的损失。在正常情况下，只有当人们没有察觉到被蓄意恶意欺骗的危险时，他们才可能置信。

基于这一想法，我们可以假定，在包含人际互动的正式模型中，互动意愿取决于信任，并在个人面对每一次潜在互动时，使用介于0和1之间的概率来表示个人的互动意愿。这样，（不）信任这一本质上的心理概念就可以与它所导致的不同行为联系起来。本研究第4章就将以这种方式在Agent-Based模型中信任。

2.4 微观层面的信任：思想和行为均重要

在个人（微观）层面上，（不）信任感是在心理层面上形成的，并通过社会层面上的互动起作用。因此，我们应同时充分关注与信任有关的个人思维过程（即心理或精神活动）以及个人信任对未来个人互动可能产生的影响，因为只强调心理方面或互动方面是片面的。而且，先前传递他人可信性信息的个人互动或被观察到的互动，如果不在个人心理层面起作用，就不可能对未来的个人互动产生实际影响。

2.4.1 思想与信任

思想强调的是一个人如何在头脑中处理通过个人互动或观察他人互动而获得的他人可信性信息的心理过程。为了理解人类的思想，Cosmides和Tooby（1997）阐述了演化心理学家受生物学启发而应用的五项原则。在解释这五项原则时，他们指出“大脑的功能就是信息处理”，或者换一种说法，就是“解决适应性信息处理问题”（Cosmides and Tooby，1997）[①]。人脑回路对环境信息做出反应，产生与环境情况相适应的行为（Cosmides and Tooby，1997）。在心理层面上，信任典型地呈现一个内化过程。这一内化过程包括解读信息、判断一个人的可信性、对可信性的判断做出情感反应、预期未来类似互动的可能结果、做出涉及未来互动的决策等。

信任感是在包含他人可信性的信息到达之后，基于一个感知或思考的过程而建立或摧毁。在获得此类信息后，人们开始对信息进行解读，并对可信性的质量做出判断。绝大多数情况下，从传递（不）可

① COSMIDES L，TOOBY J.Evolutionary psychology：A primer ［EB/OL］.［2018-07-20］. http：//www.psychology.sunysb.edu/attachment/courses/620/pdf_files/evol_psych.pdf.

信性的信息到达到对（不）可信性的感知或判断的这个过程是非常迅速的。试想这样一个情景，当你看到一个扒手时，你会立即意识到这个人是不可信的。尽管判断的时间很短，但这种判断对信任至关重要。判断可信性的标准包括但不限于传统文化价值观、社会规范、道德规范、美德、法律等。这些在很大程度上均属于制度范畴。虽然不同地方的人可能有不同的具体评判标准，但共同点是他人的（不）可信性总会导致自己的（不）信任。

一个人会在多大程度上对传递他人可信性的信息做出反应很大程度上取决于个人的偏好、观点、情感态度等。这些因素会影响他对涉及的某一特殊信任相关事件和人的最终评估。因此，相同的信息会对人们的信任产生不同的影响。我们可以合理地认为，那些对某种失信行为极度反感的人，其信任会比那些不那么在意的人下降得更多。此外，不同类型的事件也会在不同程度上影响同一个人的信任。例如，一个对谎言容忍度较高的人可能非常厌恶被人扒窃。

更重要的是，人类具有推理、推断和联想等能力，这些能力在一个人对未来类似情况和/或具有某种共同或相似特征的其他人的信任中起着至关重要的作用。例如，一个知道某个城市的抢劫案相对猖獗的人，当他前往那座城市时，会预期被抢劫的可能性更高，因此会更加注意保管自己的随身物品。当外部信息通过个人经历或观察到的经历被（不断地）补充进头脑时，这些信息是如何在头脑中进行处理、解释并将被整合到自己已形成的结构化的一般观念中的也可能会改变（如缓解或巩固等）一个人对之前感知到的现实的看法。

一个人基本信任倾向是在其早期生活中建立和稳定的。一个人随后的经历可能会引起信任围绕其基本信任倾向的上下波动。但是，这并不意味着一个人的基本信任倾向永远不会改变。一种可能的情况是，如果一个具有高信任倾向的人在一段时间内暴露在低可信性的环境中，他很可能会变得不那么信任他人。

2.4.2 行为与信任

这一方面强调信任对行为输出的影响。行为在很大程度上是一个人思维过程结果的表现。这里应该注意的是，不同的想法可能导致相同或相似的行为；同样，不同的行为也可能源于相同或相似的想法。因此，如果没有任何其他关于情境的信息，从某种行为中推断出单一的想法或意图通常是不可靠的。

信任累积效应的一种方式来自对可信性迹象的解读，以及是否已遇到或预期会遇到善意或仁慈的行为，或者是否还没有遇到或预期不会遇到恶意的（malevolent）行为。一般来说，只有当信任转化为客观的基于信任的行为时，这种行为才能在社会中引起现实的结果并在社会方面起作用。

（1）两方互动中的信任形式

现实生活中，在一个具体的涉及两方的信任—被信任关系中，一个人基本上或者是作为信任方，或者是作为被信任方，或者是同时扮演这两个角色。每一方作为信任者和被信任者中的一个角色的情况是单边信任，而双方同时作为信任者和被信任者的情况是双边互信。

更重要的是，从互动的视角看，一段涉及一个具体的事件的信任—被信任关系很可能需要两个步骤：第一个步骤是双方同意参与该事件；第二个步骤是同意之后，特定事件的具体实施过程。简而言之，即互动前和互动中（事后评价被“思想”部分所覆盖）。下文将呈现一个角色嵌入的和过程分割的分类方式，以理解一个事件涉及的一次互动中，信任—被信任关系中信任的不同形式（见表2-2）。

① 第一种形式是一种单边信任。在这种形式中，信任方和被信任方都同意参与某些事件，但只有被信任方主要参与后来的实施并充

当行为方（见表2-2（a））。这种形式容易联想到的一个例子就是委托代理关系。在委托代理关系中，代理人代表委托人处理委托人付给他的事情，这也使委托人容易受到行为方（代理人）道德风险的影响。例如，股东聘请职业经理人对公司进行日常管理，这就形成了一种信任—被信任关系，并且在这种情况下，经理人作为被信任的一方，是接下来工作中的主要行为方。

② 第二种形式也是一种单边信任。在这种形式中，信任方和被信任方也都同意参与某一事件，但主要是信任方参与事件的具体实施（见表2-2（b））。设想这样一种情况：一个人向另一个人寻求“帮助”，后者同意提供帮助。那么，寻求“帮助”的第一个人是否是一个好人就至关重要。如果此人是好人，并且确实只是寻求帮助，则第二个作为信任者和行为方的人就是安全的，两个人很可能会有一个愉快的经历。但如果第一个人实际上是个骗子，寻求“帮助”只是他接近目标人物的借口，则第二个作为信任者和主要行为方的人就可能被利用。

③ 第三种形式是双边互信，即信任方和被信任方都同意参与某一事件及其之后的实施，并且更重要的是，在事件的整个过程中（即包括实施的事前和事中）同时具有信任方和被信任方的双重身份（见表2-2（c））。例如，在基于互信的合作关系中，双方在随后的合作过程中都是行为方。

表2-2 **两方互动中的信任形式及其主要的行为方**

	行为方		
	被信任者	信任者	信任者和被信任者
单边信任	（a）	（b）	
双边互信			（c）

（2）信任涉及的若干具体决策

人际互动是信任者表现其信任态度的重要渠道。一次互动涉及一系列决策。作为信任者，一个人可以通过不同的决策来影响和塑造互动。这些决策可以简单地描述为“1H+4W”，即是否（Whether）、谁（Who）、如何（How）、何时（When）和何地（Where）。其中，前两个决策将被纳入第4章的Agent-Based计算模型中。从本质上讲，这些决策过程均是思考过程，而其结果将以实际行动的形式呈现。

① Whether即参与或退出互动是使互动成为真实互动的两个决定性步骤。例如，其他条件相同的情况下，如果一个人预期给定互动中的人会考虑他的利益，公平地对待他、不剥削（exploit）他，则他可能会愿意参与到互动中；相反，如果参与某个具体互动的人感觉到自己被剥削，他就会中止互动并退出。

②Who即人们可以选择与谁互动。这与从谁那里可以获得预期行为（如可信行为）有关，尽管从不同的人处获得预期行为的概率不同。比如，如果一个人预期A借钱给他的概率大于B，他就会优先询问A。另外，与谁进行互动也与信誉链有关。

③ How与通过何种方式保证互动的特定结果有关。仍以借钱为例，信任程度可能会影响还钱是以口头承诺形式做出还是通过正式合同保证。

④ When意味着在一个人决定在未来某个时间一定会参加某次特定的互动后，多久才会真正采取行动，这与时滞有关。例如，一家公司上市了一种新产品，A和B都决定某天购买一个。然而，尽管有收入等一些其他限制条件，如果A对该公司及其产品或技术的信任度高于想等从其他用户那里得到一些反馈的潜在消费者B，那么A可能会比B更早购买该产品。

⑤ Where 即互动地点的选择。比如，一个人或许会觉得在人多的地方比在人少的地方进行互动更安全。

2.5 信任与可信性

2.5.1 信任与可信性之间的关系

如前所述，从信任者的角度，信任的改变并不是无条件的；信任总是基于感知到的可信性，或至少是未感知到不可信性。人们倾向于辨别出他人的可信性程度，并信任那些可信之人或更有可能是可信之人的人，或者那些至少看起来并非不可信之人的人。Hardin 认为，“我们对他人的信任本质上是关于那个人相关知识的一件事，尤其是那个人可信任的理由的知识”[①]（Hardin，2003）；“创造信任的最佳手段是建立和支持可信性……没有后者，信任就没有价值”[②]（Hardin，1996）。

也许有观点认为，我们只知道自己相对熟悉的人的可信性，却无法对不熟悉甚至不认识的人做出判断。本研究不完全同意这种观点，因为除了相对频繁的人际互动和人的观察、推测、联想等能力之外，这种观点忽视了其他信息获取方式的重要性。总之，这种说法没有充分考虑人的智慧。事实上，只要不是一无所知，人们也可以通过外表、行为、环境、情境等，结合自己对社会的已有了解，对不认识的人的可信性做出判断，尽管这种判断也许是错误的。当然，一个人不可能每时每刻、在每一件事上都保持可信，信任也是如此。一个人的

① HARDIN R.Gaming trust［M］//Elinor Ostrom and James Walker（Eds），Trust and Reciprocity：Interdisciplinary Lessons for Experimental Research. New York：Russell Sage Foundation，2003：82.

② HARDIN R.Trustworthiness［J］. Ethics，1996，107（1）：29.

可信性可能取决于具体的事件。

可信性既可能来自个人特征，也可能来自社会互动结构的激励（Ostrom and Ahn，2009），如正式制度提供的激励。制度是否、如何以及在多大程度上构造个人行为，归根结底取决于个人本身。人们普遍接受“外因通过内因发挥作用”的观点。一项制度是否出现，很大程度上取决于它内化为个人思想和行为的程度，甚至取决于行为本身。

经历其他人的可信性为一个人对某个特定的人的信任行为提供了参照，尽管这个特定的人不一定是和他产生这种经历的人。对他人可信性的感知也许并不总是与客观的可信性完全一致。即便如此，信任和可信性通常是定性一致的。

在现实中，可信性也会对信任做出反应。例如，当一个可信之人的可信性不被珍惜时，他可能会感到沮丧，这可能会导致他对未来互动的意愿下降。此外，给定人们的互动需求，如果实际的可信性总是受到质疑，可能会产生两种影响：第一，有些人可能会继续保持可信，以表明自己确实是可信的；第二，有些人可能会出于“毕竟没有人信任自己”的想法，而转向不可信行为。然而，需要注意的是，他人的真实可信性对自己的信任做出反应的可能性并不具有普遍性。因此，一言以蔽之，信任和可信性可能会相互作用，但信任更多地取决于可信性。

2.5.2 不可信的个人成本与社会成本

这里谈及的不可信的成本主要是从互动的角度。不可信的成本既可以是个人的（即个人成本），也可以是社会的（即社会成本）。

个人成本主要体现在三个方面：首先，如果互动发生了，但对方[1]结果是不可信的，这将给信任者带来直接损失，尤其是金钱损失，因为故意欺骗他人的人通常是为了获得金钱利益。其次，面对潜在的互动，尤其是对方主动发起的互动，信任者会因为怀疑或担心被欺骗而根本不愿意互动或尽力避免互动。最后，如果确实需要互动或不得不进行互动，特别是由信任者发起的交互，这个信任者可以提前搜索一个可靠的互动者作为互动的准备。这个过程会引起很高的搜索成本，主要是时间成本，也可能是货币成本。例如，信任者可以通过有资质的机构找到一个可靠的互动者，用金钱换取时间和信息。此外，更重要的是，不信任可能会产生内卷效应（involution effect）。具体来说，由于不信任，个人更倾向于将互动转向个人社交网络，即由家庭成员、熟人、认识的人等组成的网络，以调动个人社会资本。他们意图通过个人社交网络（既包括自己的社交网络，也包括其社交网络上的人的社交网络）来获取潜在的可信互动者的信息，并控制未来互动中的不可信行为。

对于一个社会而言，不可信的社会环境突出表现为人们通过诸如不遵守各种制度（如各种规范、道德、法律等）或利用制度漏洞（如法律漏洞）等不被接受的方式来寻求经济/货币/金钱利益等。一个不可信的社会环境不利于价值创造，因为人们在社会中的互动更有可能是“零和博弈（zero-sum games）”。在这种博弈中，不可信的人倾向于竭尽全力剥削他人。此外，第3.5节将特别阐述（不）信任对一种具体的互动类型——经济交易的影响。

2.5.3 信任者与被信任者角色的对应与叠加

个人是信任和可信性的结合，尽管这两者可能不会同时出现在互动中。一个人A的信任和可信性与另一个人B的信任和可信性之间可

① 假设一次互动只包括两方。

能存在六种组合：（1）A的信任和A的可信性；（2）B的信任和B的可信性；（3）A的信任和B的信任；（4）A的信任和B的可信性；（5）A的可信性和B的信任；（6）A的可信性和B的可信性。把（1）和（2）结合起来或者把（5）和（6）结合起来，则此两人之间就存在两类、四种关系：第一，对于一个人自身，一个人的信任和他自己的可信性之间的关系；第二，在两个人之间，一个人的信任和另一个人的信任的关系，一个人的信任和另一个人的可信性的关系，或者一个人的可信性和另一个人的可信性之间的关系。

（1）对应

当体现在两个人身上时，信任和被信任在信任关系中被捆绑在一起，一个不能脱离另一个而存在。这种对应关系导致它们总是成对出现。强调一方面而忽视另一方面是没有意义的。“对应”意味着信任者和被信任者的角色由不同的个人“扮演”，一个人只占据信任关系中两个角色中的一个。一个人向另一个人付出信任，因此前者是信任者；相应地，后者是被信任者。显然，在每一个两人信任关系的互动中，“对应”存在于单边信任关系中。

（2）叠加

叠加是指信任者和被信任者的角色集中在一个人身上，即一个人实际上同时占据这两种角色。在社会生活中，一个人有时在一次互动中是信任者，而有时在另一次互动中又是被信任者，或者在一次互动中同时既是信任者又是被信任者。这种角色的叠加反映了这样一个事实：其他人构建了有特定个体的环境，与此同时该特定个体也构建了有其他人的环境。在两人信任关系中，叠加存在于双边信任关系中。图2-5展示了信任者和被信任者角色的对应和叠加。

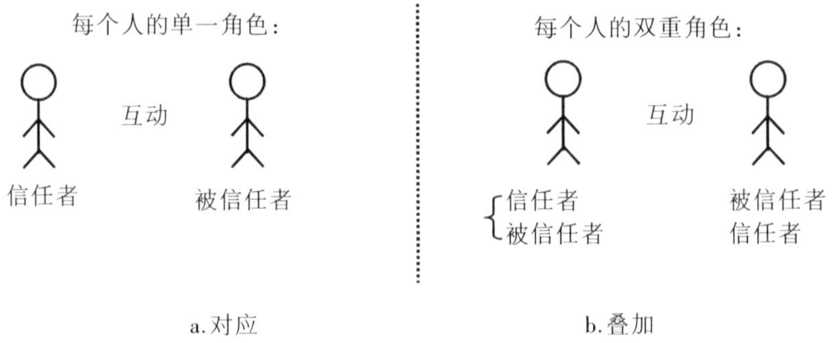

图2-5　两人信任关系的一次互动中信任者和被信任者角色的对应和叠加

更重要的是，信任者和被信任者角色的对应和叠加的意义不仅体现在单次互动中，更体现在多次互动中。不同互动中的对应和叠加既体现在任何一次互动中，也体现在不同互动中。所以，上述描述实际上包含了一个人坚持可信的重要动因，蕴含了整个社会中社会信任的重要维系机制，即一个人作为信任者和被信任者的身份或角色是可变的。这种身份的可变性通过两种方式体现：一是一个互动者在不同的互动中拥有不同的单一身份（相应地，其他人作为另一种角色）；二是每个互动者在一次互动中同时拥有两种身份。试想这样一种情况：如果在不可避免的互动中，信任者和被信任者的身份不能改变，那么在没有惩罚机制、惩罚难以实施、惩罚成本相对较高，或者被信任者对自己没有足够的道德约束等情况下，总是作为被信任者的那些人就有足够的激励实施不可信行为来剥削他人获取更多的利益。一个极端的例子是单次博弈（one-shot games）中的背叛行为。相比之下，除了诸如良好声誉等可能的原因之外，信任者和被信任者身份的可变性也是一个人在重复博弈（repeated games）中进行合作的重要原因。更广泛地说，当谈及覆盖范围更大的制度时，人们在各种互动中相对有利的角色的可变性也是制度产生和维持的一个重要原因。这一点将在第3.3.5小节中更详细地讨论。

此外，Mayer、Davis和Schoorman（1995）也认为，对信任相对全面和充分的理解，同时考虑信任方和被信任方的特征（即信任倾向和可信性）是必要的。在Mayer、Davis和Schoorman（1995）看来，不同被信任方的特征有助于解释“一个给定的信任者对不同被信任者有变化的信任水平”[①]。这一论点也适合进行某种程度的一般化。换言之，被信任者的可信性不仅作用于特殊信任，也是重建个人一般化信任的重要因素。准备好进行下一次互动的一般信任意愿是由之前的互动或非互动经历中逐一增加的知识或信息构建而成的。从这个意义上说，过去构建了映射到当前现实以及推测、想象的未来的整体印象。这是在反馈回路中思考信任的一种演化的方式。当一个人与不熟悉的人互动时，这种影响会更加明显。

2.5.4 信任和可信性的供给与需求

从个人的视角来看，本研究所指的信任的供给意思是去信任，信任的需求意思是被信任的需求；可信性的供给指的是在行为时是可信的，可信性的需求意味着对其他人行为的可信性的需求。因此，信任者供给信任，被信任者供给可信性；需要被信任的人对信任有需求，对其他人的可信性的有要求的人对可信性有需求（见图2-6）。

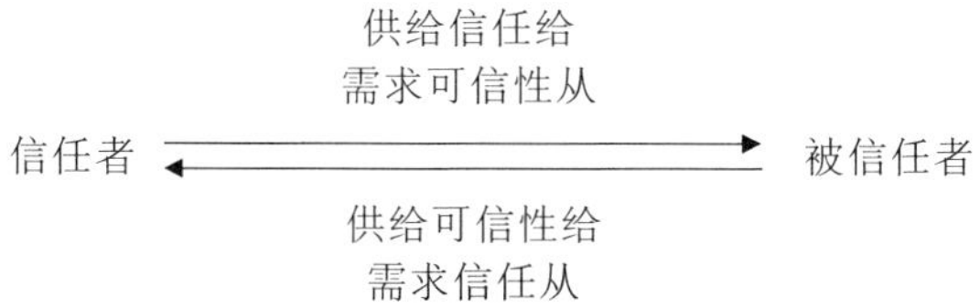

图2-6 信任和可信性的供给与需求

应该注意的是，信任并不一定要体现在行为上，尽管可信性会体现在行为上。对于与信任的供给和需求有关的、对他人有影响的行为

① MAYER R，DAVIS J H，SCHOORMAN F D. An integrative model of organizational trust［J］. Academy of Management Review，1995，20（3）：716.

来说，信任发生定性的改变是必要的（即不是出于不信任以某种方式做出行为，而是出于信任以该方式做出行为），因为只有这样，信任的供给和需求才具有现实的社会意义。

“供给”和“需求”这两个词会让经济学者联想到经济学中的供给和需求，并可能会跳不出经济学中关于商品、货币和劳动力的供给和需求的经济学思维方式。本研究并没有严格在经济学意义的解释中讨论信任和可信性的供给和需求。事实上，本研究仅表达日常生活中的“供给”和“需求”的含义。而且，这两个词首先在日常使用中有其含义，然后才有经济学的含义，它们并不拘泥于经济学，虽然它们在经济学中的含义从根本上说是以日常含义为基础的。不过，需要注意的是，如果要像经济学那样解释信任和可信性的供求关系，商品、货币和劳动力都是具体的、可计算的或已经被量化的，而信任和可信性则不是。此外，我们知道，经济学中的“供给”和“需求”强调意愿和能力。就信任而言，能力的获得相对容易，甚至可以忽略不计。相比之下，能力对可信性更为重要，因为毕竟有时有些因素会限制人们可信的意愿，即使人们想要可信。

由于其抽象性和不可数性，微观层面上的信任和可信性显然无法按照正常意义上的算术方法直接相加为一个宏观层面的数字。但是，这并不意味着人们无法感受或判断信任和可信性的高低，因为毕竟人类足够有智慧来处理这个问题。信任的供需不匹配有两种情况：一种是整体性的，一种是结构性的。宏观层面的信任和可信性的供给和需求也是如此。

如前所述，人们在比较某事时，并不一定非要确定一个可数的数量，人们经常不需要具体的数字列在面前，就能感觉到数量是高还是低。如果人们确实想用一个确切数字的形式来比较信任或可信性，一种解决办法是转向出于信任或可信性的互动。互动是可数的，尽管这种方法并不完全令人满意。假设互动只有在相应的双方（假定只涉及两方）都出于某种原因愿意互动时才能实现，那么在最理想的情况下，实际互动数的最大值将等于信任和可信性所反映的互动意愿中的较小者。

2.6 本章小结

首先，本章阐释了信任的一些基本要素（第2.1节至第2.3节）。个人信任是一种基于对其他人或事物可信性感知的态度。信任具有一些特点：以可信性为条件；依赖于信息；未来互动中的事前信任是风险相关的；建立缓慢、衰退迅速且重建困难。个人的一般信任是一个人对社会中不特定他人的可信性的总体评价。从单个人的视角，一般信任与特殊信任的区别在于信任的对象是否是具体指定的；一般信任与群体信任的区别在于是否有确定或清楚的特征或标准来界定某一群体；一般信任与对陌生人的信任最微妙的区别在于是否有明确的人际关系距离区分。信任的一般化过程可以看作从一个人口样本到整个人口群体的主观推测结果。信任的一般化过程在很大程度上是面向经验的，或者说是后向的；而其输出则是面向预期的，或者说是前向的。信任可以是一般的，然而在发挥作用时，很可能以特定的方式反映出来。经历过之后，不确定性就会变成既定事实和具有确定性。预期与后来事实的一致性对信任的影响还取决于预期的事物是合意的还是不合意的。经验可分为童年经验和成年经验、个人经验和非个人经验、积极经验和消极经验。预期可以是积极的或消极的，基于自身的或基于原因的，定量的或定性的。现有的（一般）信任测量方法包括使用微观层面或加总的宏观层面的问卷调查数据测量一般信任、使用信任博弈中的投资行为测量信任、使用基于演化博弈论的Agent-Based模型中的合作份额测量社会信任，以及使用概率代表微观信任。

随后，本章从个体信任者的视角讨论信任（第2.4节），并同时考虑信任和可信性（第2.5节）。从信任者的视角，思想强调的是处理关于他人可信性信息的心理过程。个人偏好、观点、情感态度等在很大程度上会影响一个人对反映可信性的信息的反应。此外，人的推理、推测和联想等能力也对信任者对未来类似情况和/或对具有共同或相似特征的其他人的信任起着至关重要的作用。此外，同样从信任者的视角，行为强调在头脑处理完他人可信性信息之后的行为表达或输出。每一次互动作为信任者展示信任态度的最重要渠道都涉及一系列决策。不仅他人的可信性是一个人信任的基础，而且一个人也会对他人的可信性做出反应。此外，一个人也有可能根据他人的可信性来调整自己的可信性。不可信不仅会导致他人的个人成本，还会引起社会成本。在两人信任—被信任关系中，信任者与被信任者的角色或者代表对应，或者代表叠加。这包含一个人坚守可信的重要动机，也因此蕴含整个社会中社会信任的重要维系机制。当谈到一个社会中的信任和可信性时，就需要信任和可信性的供给和信任和可信性的需求这些概念。虽然信任和可信性是不可数的、抽象的，但这并不意味着信任和可信性的供给和需求不能被比较。

3

在社会经济环境中系统地思考信任

3.1 信息获取与输出：社会学习与互动

3.1.1 行为的类型

行为不仅可以传递行动者可信性的信息，还可以传递行动者信任程度的信息，并且是信任和可信性信息的基本来源。因此，有必要讨论一下行为的类型，以便更好地理解其与可信性和信任的关系，特别是前者。本章从不同角度对行为进行了如下分类：

（1）单独行为与互动行为

行为可分为单独行为和互动行为。这里的单独行为指的是没有互动者的行为，而互动行为有互动者。当作为个人可信性信息输出的一种方式时，它们均能反映行动者本人或行为本身的可信性。需要注意的是，单独行为与展示可信性可能有关，也可能无关。相比之下，互动行为更有可能传递两个行动者中任何一个行动者的可信性信息。例如，独居者在家打扫卫生或一个人在公园画画的行为都是独居行为，但与呈现可信性无关。但是，化工厂为了降低处理工业废水的成本，在化工厂与监管部门没有“博弈”的前提下，不考虑对河流下游居民造成的危害，将未经处理的污水排入河流的单独行为，必然会引起下游居民对化工厂的不满。单独行为之所以甚至会引起人们对某些行为可信性的认知，原因就在于其外部性以及外部性的程度。

单独行为没有互动者。那么，如果单独行为确实影响了他人，甚至使他人形成了对可信性的判断，其影响力就必须超过行为者自身。换言之，需要有外部性。相比之下，从任意单个行动者的视角度来看，互动行为本身已经超过了行为者自身，因为“互动”一词表明，一次互动至少需要两个人或两方。因此，在没有明显外部性的情况下，互动行为只影响互动双方（假设只涉及两方）；相反，在有明显外部性的情况下，互动行为可能会使除了互动双方的更多人形成对可信性的判断。总之，人类在行为上是相互依赖的。

（2）基于内化的行为与缺乏内化的行为

个体行为根据是否由内化的价值观驱动，可分为基于内化的行为和缺乏内化的行为。前者是价值观行为一致，后者是价值观行为不一致或不相关。根据在线《牛津英语词典》，价值观（values）（2011）是“一个人或社会群体所持的原则或道德标准；对生活中什么是有价值和重要的普遍接受或个人持有的判断”。内化是一个人接受某些价值观、规范、态度等，并将其整合进自己的价值观体系的过程，从而能够明辨是非，用它们来判断观念、行为等并指导自己的行为。无论价值观是如何获得的，只要它们被接受并被整合进自己的价值观体系，就是被内化。基于内化的行为，顾名思义，是以内化的行为价值观或行为准则为基础的行为；而缺乏内化的行为可能是纯粹地模仿或物质激励的，没有意识到或直接被相关的内化价值观指导。例如，假设说谎在道德上是绝对错误的[①]。如果一个人是因为不赞成说谎并且认为说谎是不道德的才不说谎，那么不说谎对他来说就是一种基于内化的行为；但是，如果他的头脑中没有关于说谎的道德观念，或者只是因为看到说谎的人受到惩罚才不说假话，那么不说谎就是缺乏内化的行为。此外，获得或产生道德价值观（或更广义地说，制度）的方法和渠道与社会学习有很大关系。社会学习将主要在第3.1.3小节、第3.2.4小节、第3.1.6小节和第3.1.7小节加以说明。这里先举几个简单的例子，道德价值观可以通过人际互动、他人（如父母或老师）的教导、阅读过去年代或当代的书籍等途径获得。

当然，还有一种情况，即一个人虽然在内心承认某种行为价值

① 因此我们不考虑所谓的“善意的谎言”可能的正确性。

观，但出于某种现实的原因或考虑，他仍然可能背叛这些内化的价值观，这也会导致价值观与行为的不一致；或者换一种说法，是另一种价值观占据了主导地位。

表 3-1 更全面地展示了心理层面上的不同价值观情况是通过何种机制可能在行为层面产生不同类型的行为的。这里假设内化的价值观只有正确与错误两种，行为也只有合适与不合适两种。具体来说，正确的价值观可以通过内化产生合适的行为，并可以由于考虑了一些现实原因产生不合适的行为；错误的价值观可以通过外部奖惩机制导致正确的行为，并可以通过扭曲的内化过程产生不合适的行为；在不考虑价值观的情况下，合适和不合适的行为都可以通过外部奖惩机制产生。

表 3-1　　　　**行为背后的可能机制：内化价值观的视角**

			行为层面		
			进行行为		不进行行为
			合适地进行行为	不合适地进行行为	
心理层面	内化的价值观	价值观的正确	内化	现实理由	—
		价值观的错误	外部的奖励和惩罚	负面的/扭曲的内化	—
	无价值观背景		外部的奖励和惩罚	外部的奖励和惩罚	—

表 3-1 中提及外部奖励和惩罚。奖励和惩罚之所以经常被强调，在于其在改变行为概率上可能产生的影响。我们知道，奖励和惩罚均可划分为内在的和外在的。内在奖惩是心理上的自我奖赏（属于积极心理）或心理上的自我惩罚（属于消极心理）；而外在奖惩则是外在

因素强加给个人的。以惩罚为例，内在惩罚可能是愧疚和不安；而外在惩罚可能是物质和金钱的惩罚。惩罚固然可以减少不合适行为，但也可能毫无效果。例如，有些人宁愿承受惩罚，也不愿出于某种内化的原则而改变行为，奖励也类似。因此，只有当行动者没有坚持明确而坚定的内化原则时，奖惩才有改变个人行为的概率。

3.1.2 信息的类型及其筛选过程

一般来说，信任是基于其他人可信性的信息，因此信任的变化不能与可信性信息分开来。根据不同的标准，关于其他人的可信性的信息可以分为不同的类型。具体来说，（1）根据行为类型，可以划分为单独行为信息和互动行为信息；（2）根据自己是否参与到了传递他人可信性信息的事件当中，可以划分为参与信息和非参与信息；（3）根据某一信息是否影响到对所涉及的行为者的特殊信任（particular trust），还是仅对所涉及的行为本身产生戒心，可以划分为个人具体的信息和现象信息；（4）根据所违背的内容的性质，可分为违背个人偏好的信息和违背社会偏好（如社会规范、道德等制度类型）的信息；（5）根据人们直接获取信息的途径，可以划分为自然人信息和媒体信息；（6）根据获取信息的方式，可以划分为个人互动信息和广义的观察信息（包括直接观察、口耳相传、新闻报道等）；（7）根据与原始信息源的距离，可以划分为直接（第一手）信息和间接（非第一手）信息。图3-1描述了微观层面与宏观层面之间的互动信息反馈，其中除了单独行为信息，涉及上述所有信息。这幅图体现了上文看似不必要的多种信息分类和后文的信息过滤过程的意义。

由于信任毕竟是一种心理感受和态度，有关他人可信性的信息是否会真正影响到个体信任，取决于它能否成功地到达个人并且对个人心理产生影响。因此，给定一条信息确实成功到达一个人，过滤过程是信息产生实际效果的至关重要的环节。这里的过滤过程指的是不予理会或排除一条到达的信息的影响。它至少涉及四种情况：(1) 从信息接收者的个人主观态度来看，(几乎) 不关心；(2) 从信息所反映的情况与信息接收者之间的客观相关性来看，(几乎) 不相关；(3) 从对信息所反映情况的客观或主观评价的重要性来看，(几乎) 不重要；(4) 从信息接收者改变其信任的心理抗拒来看，(几乎) 无触动。此外，它们也都可以被看作某条信息无边际地改变个人信任的特殊情况。图3-1也涉及信息过滤。

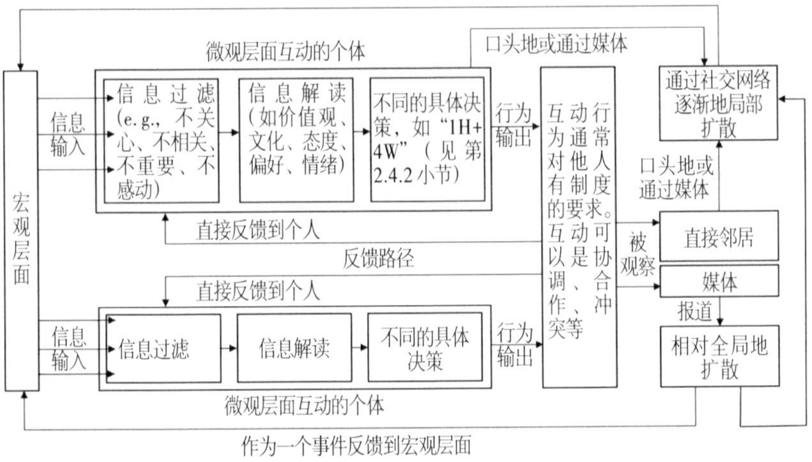

图3-1 微观层面与宏观层面之间的互动信息反馈

3.1.3 Bandura (1977)：社会学习理论

著名心理学家Bandura在社会学习研究方面做出了突出的心理学贡献。社会学习理论是一种解释人类行为的理论。Bandura (1977) 在《社会学习理论》(Social Learning Theory) 中，同时强调了行为和认知，打破了以往深受机械模式 (mechanistic models) 影响的行为研究传统，从而提供了“分析人类思想和行为 (human thought and behavior）的统一理论框架”[①]。

有别于“或者是习得的或者是天生的行为二分法（dichotomy of behavior）”[②]，Bandura（1977）认为，除基本的条件反射外，行为都是通过学习获得的，而不是先天具备的。Bandura（1977）指出，直接经验和观察（换言之，观察经验或“社会中介经验（socially mediated experience）”）都是获得新行为/反应模式的渠道[③]。因此，Bandura（1977）将通过反应后果学习（learning by response consequences）和通过示范学习（learning through modeling）相应地视为行为的两个起源[④]。

Bandura（1977）将行为调节系统（regulatory systems of behavior）分为前因决定因素（antecedent determinants）、后果决定因素（consequent determinants）和认知控制（cognitive control）[⑤]。其中前两种是外部影响，第三种是内部影响。Bandura（1977）认为，其中，后果决定因素“很大程度上通过其信息和激励价值”影响行为；此外，前因决定因素和后果决定因素都“通过中间的认知过程”影响行为[⑥]。更重要的是，“心理功能是个人的、行为的和环境的决定因素之间持续的相互作用（reciprocal interaction）”[⑦]（Bandura，1977），而不是分开、独立起作用（见图3-2）。

① BANDURA A.Social learning theory［M］. Englewood Cliffs，New Jersey：Prentice-Hall，Inc.，1977：6

② BANDURA A.Social learning theory［M］. Englewood Cliffs，New Jersey：Prentice-Hall，Inc.，1977：16.

③ BANDURA A.Social learning theory［M］. Englewood Cliffs，New Jersey：Prentice-Hall，Inc.，1977：7；16.

④ BANDURA A.Social learning theory［M］. Englewood Cliffs，New Jersey：Prentice-Hall，Inc.，1977：chapter 2.

⑤ BANDURA A.Social learning theory［M］. Englewood Cliffs，New Jersey：Prentice-Hall，Inc.，1977：chapter 3-5.

⑥ BANDURA A.Social learning theory［M］. Englewood Cliffs，New Jersey：Prentice-Hall，Inc.，1977：96；160.

⑦ BANDURA A.Social learning theory［M］. Englewood Cliffs，New Jersey：Prentice-Hall，Inc.，1977：194.

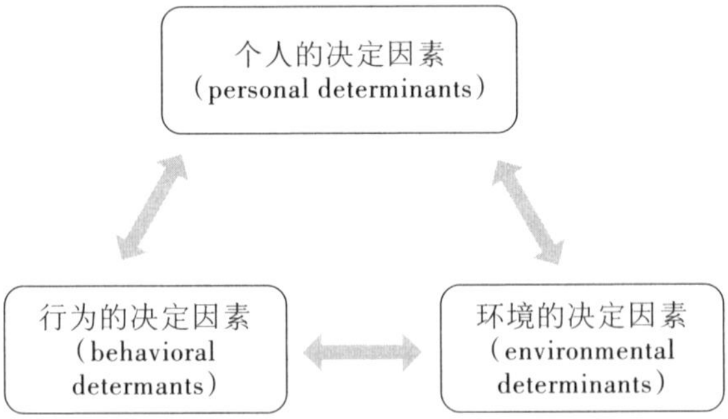

图3-2　Bandura（1977）社会学习理论心理功能中的相互决定

资料来源：本书作者基于 Bandura（1977）[①]自行绘制。

Bandura的社会学习理论最重要的贡献之一就是“强调了替代过程、象征过程和自我调节过程在心理功能中的突出角色”[②]（Bandura，1977）。人类的思想、情感和行为不仅会受到直接经验的影响，还会受到观察的影响（Bandura，1977）[③]。通过直接经验学习和通过观察学习的一个显著区别在于它们的习得过程和学习成本。通过直接经验学习是一个试错（trial-and-error）的过程，这种试错过程在某些情况下可能会带来极其不合意的后果；相比之下，观察学习在很大程度上可以避免错误成本，尤其是一些危险的错误（Bandura，1977）[④]。这种同时强调直接经验和间接经验对学习的影响的观点与Mantzavinos、North和Shariq（2004）等人的观点不同。Mantzavinos、North和Shariq（2004）认为，“学习是一个不断试错的演化过程，并且解决问题的失败会导致新的解决方法的尝试”[⑤]。在观察学习中，信息起着至关重要的作用。示范（modeling）之所以能引起学习，主

① BANDURA A.Social learning theory [M]. Englewood Cliffs, New Jersey: Prentice-Hall, Inc., 1977: 10; 194; 204.
② BANDURA A.Social learning theory [M]. Englewood Cliffs, New Jersey: Prentice-Hall, Inc., 1977: 7.
③ BANDURA A.Social learning theory [M]. Englewood Cliffs, New Jersey: Prentice-Hall, Inc., 1977: 7.
④ BANDURA A.Social learning theory [M]. Englewood Cliffs, New Jersey: Prentice-Hall, Inc., 1977: 12; 22.
⑤ MANTZAVINOS C, NORTH DC, SHARIQ S.Learning, institutions, and economic performance [J]. Perspectives on Politics, 2004, 2 (1): 76.

要是凭借信息功能（Bandura，1977）[①]。通过“受四个组成过程的支配”（即注意过程、保持过程、运动再现过程和动机过程）的观察学习的示范事件（modeled events），在人们身上产生匹配表现（matching performances）（Bandura，1977）[②]。此外，尽管人们可以通过学习获得并改变行为模式，但这并不意味着他们会毫无原则地被动接受任何行为。Bandura（1977）认为，“人们坚定地坚持意识形态立场（ideological positions），而不是经受顺从的行为逆转（behavior reversals）”[③]。此外，人们所持的自我评价标准不仅用于评价他人，也用于评价自己（Bandura，1977）[④]。

3.1.4 社会学习的类型

Bandura（1977）同时强调了通过直接经验学习和通过观察学习，这两种学习是根据获取信息的不同方式来区分社会学习的。应该注意的是，Bandura（1977）中的“观察”一词是在一个更广泛的意义上使用的，而不单指用眼睛观察。此外，本章将社会学习根据不同的标准进行如下分类：

（1）学习思想与学习行为

这种分类是根据学习的内容进行的。考虑到思想和行为之间可能存在的不一致[⑤]，社会学习可以分类为学习思想（即对思想的学习）和学习行为（即对行为的学习）。如果一个人在社会中学到的不仅是一种行为方式还有其背后直接对应的、此后被他内在地接受和内化的

---

① BANDURA A.Social learning theory［M］. Englewood Cliffs，New Jersey：Prentice-Hall，Inc.，1977：22.

② BANDURA A.Social learning theory［M］. Englewood Cliffs，New Jersey：Prentice-Hall，Inc.，1977：22-29.

③ BANDURA A.Social learning theory［M］. Englewood Cliffs，New Jersey：Prentice-Hall，Inc.，1977：128.

④ BANDURA A.Social learning theory［M］. Englewood Cliffs，New Jersey：Prentice-Hall，Inc.，1977：134.

⑤ 见第2.4.2小节。

思想（如价值观、道德准则等），这种学习就是学习思想；如果他学的只是行为，就是学习行为。

（2）正向学习与反向学习

根据学习者所学到的行为模式与被学习者的行为模式是否一致，社会学习可以分类为正向学习和反向学习。如果一个人遵循他所经历（亲身经历或观察经历）的行为模式，就是正向学习；如果他在学习后做出了完全不同的行为，就是反向学习。例如，如果一个人观察到可信的行为，并学习成为一个可信之人，这就是正向学习；相反，如果他学习成了可信，尽管他所经历的是不可信，这就是反向学习。

（3）同立场学习与反立场学习

如果一个人与他学习的范例具有基本相同的立场，这种学习就是同立场学习；否则，就是反立场学习。例如，如果一个商贩知道其他商贩短斤缺两，而他也是这样做的，这就是站在同一立场上的学习，因为他和其他商贩从事的是同一种职业，都是从卖方的立场出发做出的行为。如果消费者知道商贩中存在短斤少两的现象，并采取一些措施不与不可信的商贩接触，或在购物时更加谨慎，这就是反立场学习，因为消费者是站在商贩相对的立场进行的学习。

（4）主动学习与被动学习

根据学习者的主动性，社会学习可以是主动的，也可以是被动的。这两种社会学习的含义相对明显。主动学习是指学习者出于自己的意愿自愿学习；相反，被动学习则是由其他因素（尤其是外部因素）推动的。

3.1.5 社会学习与信任和可信性

生活在人类社会中的人们从出生起就开始社会化。在这一过程中，社会学习发挥着不可替代的作用。在社会学习理论中，社会学习的方式/渠道（如直接经验、观察等）占有非常重要的地位。如前所述，它们也是获取信息的途径，包括他人可信性的信息，也包括信任的信息。总之，最重要的是对外部信息、知识等的获取，以及在其影响下思想和行为可能发生的相应变化。本研究认为，社会学习的两个突出实际后果在于两个方面：一方面强调行为习惯的培养。首先是培养相对社会的行为习惯。例如，人们被灌输什么行为是社会可以接受的，从而逐渐培养这些行为。这些行为通常是制度性的。其次是培养相对个人的行为习惯，如整理物品等。值得注意的是，培养出来的行为习惯可能与应该学习的行为习惯不一致，甚至相反①。另一方面则强调提供信息。在这种情况下，虽然人们已经接收了某条信息，并形成了相应的心理或精神反应（如观点、感觉等），但并没有培养某种习惯性行为。至于采取何种行动，很大程度上取决于其自己的决定。值得注意的是，为适应实际社会环境而培养的行为以及被诸如道德规范等制度所要求的行为可能是不一致的，甚至是冲突的。这也使得行为多样化。

信任的社会学习强调信息获取及相应的相机反应。它突出表现为以不发现不可信行为为前提的亲社会信任态度及其相应行为，以及在思想和行为上对不同程度的可信性做出适应性反应。可信性的社会学习强调培养行为习惯。它本质上在于接受和遵从传统的价值观、道德、美德、忌讳和其他社会认可的、被社会接受和可接受的原则。相对于这些原则，其次才是单纯模仿行为。对这些价值观等的内化是指

① 见第3.1.4小节（3）同立场学习与反立场学习。

发自内心地承认它们，自愿接受它们的规范和约束，并遵守它们。当然，并非所有人的行为都符合这些社会理想准则；否则，人际互动和社会运行就不会有摩擦。

在实际中，人们会经常发现自己处于各种信任—被信任关系中。在这些信任—被信任关系中，他们有时作为信任者，有时作为被信任者，有时同时作为这两个角色[①]，并经常需要决定如何行事。这一事实保证了从两种立场出发的社会学习能够成功引起人们的注意，并进一步保证人们能够从两种立场出发进行学习。最重要的是，这种学习是思想和行为的双重学习。一方面，人们学习是否可信，以及在什么情况下可信，尽管一般来说，值得信赖总是道德上可取的。有些人坚定地遵守可信性规范，不愿做违反道德顾虑的事情。与此相反，出于某种原因和价值观，另一些人则愿意并确实以相反的方式行事。例如，一些人通过亲身经历或观察发现，销售假冒伪劣产品既能赚取快钱，又不会受到外部惩罚，他们也会这样做。另一方面，人们也会学习何时去信任、何时不去信任，特别是为了应对已知或已发现的（不）可信性。例如，知道某个商家出售劣质商品的人会不信任或减少对该商家的信任。

学习本质上是通过不同的事件进行的，换言之，学习本质上是事件驱动的。人们经历的事件并不完全相同（Denzau and North，1994），这可能导致对事件的不同解释和进一步的不同反思。然而，个人可以将相似的事件归类并存储在脑海中（更多经济学文献中的学习模型参见Brenner，2006）。

微观和宏观之间复杂的反馈环节与许多异质个体各种类型的个人学习与社会学习的共同影响密切相关。个人观点和行为的更新和维持反映了其个人学习和社会学习实践和经验的累积结果。在社会环境

① 见第2.5.3小节。

中，个体既是学习的主体，也是学习的客体。在学习过程中，个体作为学习主体的学习速度是不同的。个体接受某种思想/想法/观点/价值观和行动/行为的意愿和能力不同；个体对所观察和经历的事物洞察力程度不同；个体对同一事件的想象和联想也不同。这些都会对个人最终真正获得什么信息产生重要影响。

一般来说，一个人的学习范围要比其互动网络大得多。我们已经知道，互动通常是局部的，如地理上的局部和社会距离上的局部。然而，学习范围超过互动范围很多。它可以是地理上的远距离学习，也可以是社会上的远距离学习，甚至可以是时间上的远距离学习①。在这些远距离学习的过程中，各种媒介发挥着至关重要的作用，因为它们是拓展个人视野不可或缺的工具。

下面将阐述一些可能的学习对象和渠道，这可能会为其他人提供一些具体的研究课题来分别或对比研究不同学习对象和渠道对信任的不同影响。

无论从哪个来源学习，最终的效果都可能反映在他对社会生活的想法和行为及其变化上。人们学习到的是从其自身角度的、可以为其未来互动提供指导和建议的社会生活智慧。

3.1.6　（一般化）社会学习对象举例：一个人际关系的视角

如前所述，社会学习的功能有两个方面，一是信息获取，二是行为培养。在不同的人生阶段和不同的情境中，不同的学习对象可能会向个人传递不同的信息，并在构建人格和不同的信任子类型方面发挥不同的作用。通过列举一些学习对象，我们可以了解个体信任的形成和变化。

---

① 见第2.1.6小节。

（1）父母

人生的早期阶段，如童年和少年阶段，是一个人形成个性、个人品质、价值观以及学会如何行为的关键时期。人生早期的经历对人的一生有非常大的影响。父母之所以在一个人的早期生活中扮演着重要的角色，与一个人在其早期生活中通常与其社会化了的父母在一起的时间最长、与父母关系最密切这一事实密不可分。这也是从社会学习的视角分析出的亲子关系的优势，因为亲子关系方便了父母通过直接互动、狭义的直接观察、教育和指导、信息传递等方式，对子女产生既有行为方面和又有语言方面重要影响。因此，从子女的视角，其从父母那里进行的社会学习更多地在于直接学习（而不是间接学习）、思想和行为学习、正向学习（而不是反向学习）、同一立场学习（而不是反立场学习）。此外，由于父母与子女之间天然的代际关系，从父母那里进行的社会学习具有代际传承的性质。从父母那里所学到的经验也会在孩子的头脑中形成关于社会的先入之见。

关于信任和可信性，由于父母与子女之间的密切关系，父母对子女的影响主要体现在三个方面：一是培养子女的可信品质；二是传递关于社会中可信性的信息；三是传递信任态度[①]。就信任来说，信任伴随人的一生，并且很可能是在早期培养起来的。Uslaner（2000）考虑到信任“作为人生早期中的价值观集合”[②]，认为“信任并非来自我们的社会互动。我们在人生早期从父母那里学习了信任，他们向我们传授了乐观主义精神以及我们是自己命运主宰者的信念”[③]，并且“使用养育抚养方式（nurturing parenting styles）的、信任的成年

---

① 至于孩子们对社会中可信性信息的反应，则是另外一个问题。

② USLANER E M. Producing and consuming trust [J]. Political Science Quarterly, 2000, 115 (4): 574.

③ USLANER E M. Producing and consuming trust [J]. Political Science Quarterly, 2000, 115 (4): 571.

人会有信任的孩子。信任的年轻人反过来会成为信任的成年人”[①]。虽然Uslaner（2000）没有像本研究一样把父母作为社会学习的对象，但他承认儿童最初的信任倾向是在与父母或其他抚养人的互动中建立起来的。因此，从Uslaner（2000）的观点可以看出信任思想的代际传承（intergeneration transition）。此外，实证研究也表明，信任存在代际传承（Dohmen et al.，2012；Rotenberg，1995）。这意味着，如果父母有较高的个人信任水平，其子女也倾向于有一个相对较高的个人信任水平；反之亦然。

（2）邻居

邻居（neighbors）的影响很早就受到了关注。中国伟大的思想家、教育家孟子年少之时，其母为了给他寻找一个理想的邻里环境，三迁其所。孟子之所以能成为伟大的思想家和教育家，很大程度上与其母亲的抚养方式以及孟子年少之时其母为其寻找的良好的邻里环境有关。

The Moving to Opportunity（MTO）是美国住房和城市部（the US Department of Housing and Urban）于1994年至1998年发起的一项研究生活在高贫困邻里（neighborhood）和低贫困邻里的个人之间截然不同的人生结果的实验（Chetty、Hendren and Katz，2016）。Chetty、Hendren和Katz（2016）利用MTO研究了邻里对儿童长期结果的影响，如大学入学率、收入和其他结果，因为这些儿童已到了能够进入成人劳动力市场的年龄。Chetty、Hendren和Katz（2016）发现，搬到低贫困社区时不到13岁的儿童“更有可能上大学”“成年后有本质上更高的收入”“自己居住在更好的社区”

① USLANER E M. Producing and consuming trust [J]. Political Science Quarterly, 2000, 115 (4): 574.

“自己成为单亲父母的可能性也更小”[①]。然而，这种影响没有体现在从高贫困社区搬到低贫困社区时超过 13 岁的儿童身上，甚至搬到低贫困社区产生了轻微的负面影响（Chetty、Hendren and Katz，2016）。Chetty、Hendren 和 Katz（2016）的这项研究体现了儿童的暴露效应（exposure effect）和干扰效应（disruption effects）。童年是一个人成长的关键时期，这也是童年环境影响巨大的原因之一。

邻里是一个相对稳定的局部社会环境。人们所说的邻里通常是地理意义上的。在学术研究中，具有某种直接关系的人或物往往也会被抽象为邻居。邻里的突出特点是地理上的短距离和/或邻居的相对稳定性。此外，相对于地理距离较远或处于不同互动圈的人，地理距离较近或以其他方式处于同一互动圈的人相遇概率显然较高。这也使得人们在某一局部人际环境中的重复互动和对邻居的重复观察成为可能，并在重复中进一步强化了在邻里中的社会学习。仅就信息获取而言，邻居是相对稳定、直接的信息来源。通常，人们可以通过直接人际互动、(狭义上的) 直接观察和口耳相传等方式获取关于邻居的信息，尤其是关于邻居可信性的信息。邻居的信息通常是特定的，它不仅反映了个人所处的局部环境，而且还使人知道某个特定邻居的个人品质（包括可信性），从而使人知道如何与该邻居打交道以及是否应该接近还是远离他们。在社会学习方面，邻居的经验提供了相对丰富的示例。人们可以在此基础上进行正向和反向学习，以及从相同和相反的立场进行学习。

（3）陌生人

假设世界上的人对于某个人来说要么是熟人要么是陌生人，尽管

① CHETTY R，HENDREN N，KATZ L F.The effects of exposure to better neighborhoods on children：new evidence from the Moving to Opportunity Experiment［J］. American Economic Review，2016，106（4）：899.

陌生或熟悉的程度是连续的。这样，陌生人可以分为两类：一类是最终可能成为熟人的陌生人，另一类是不会成为熟人的陌生人。给定一段良好关系，第一类陌生人是商业机会、学术合作、情感支持等的潜在资源。与某人变得熟识的关键在于一定程度的相互了解，这本质上是关于这个人的充分的信息量。就互动而言，从不了解到相互了解，一般与互动的频率和时长有关。给定一段时间长度，相互了解程度会随着互动频率的增加而增加；同样，给定互动频率，相互了解的程度会随着互动时长的增加而增加。

这里要强调的是第二类陌生人。相对而言，人们在日常生活中与陌生人的互动比与熟人的互动要少，除了从事与许多陌生人互动职业的人。然而，陌生人往往与人们生活的重要方面相关。另外，由于陌生人庞大的绝对数量，人们常发现自己被陌生人包围着。从陌生人那里进行社会学习可以通过个人互动、（狭义）直接观察、口耳相传以及不同的媒体进行。以媒体为例，人们从媒体上获得的通常是关于陌生人的信息，是那些他们永远没有机会与之互动的人的信息。这些信息的价值更多地在于了解社会中存在的现象，以及在哪个行业、领域、情境、群体、地区等中存在这样的现象，而不是被曝光者的个人素质，从而使人们知道如何处理发生在自己身上的类似事件。因此，陌生人之间的社会学习通常体现在作为对手的反立场学习上。

3.1.7　学习渠道：个人即时互动网络之内外

如前所述，学习网络要比即时互动网络大得多，通常即时互动网络是学习网络的一个子网络。因此，这里将学习渠道粗略划分为即时互动渠道和其他渠道。随着人类文明的发展，学习已不再局限于地理上的局部学习。接下来，本研究将列举若干超越了个人即时互动网络并使学习变得更快速、更有可能的一般化社会学习的非互动渠道。

（1）即时互动网络

每个个体都是其互动网络中的“自我”节点。在每个人的即时互动网络（即即时邻里）中，他既可以互动，也可以观察他邻居的互动。特别是当人们进行面对面互动时，交流过程也可以被认为是与观察重叠的过程，因为他们可以观察到对方的表情、手势等，而这些都可能提供一些额外的信息。例如，父母、亲戚、朋友和同事等通常都在一个人的即时互动网络之中。

还有一种可能性是两个人之间已经进行了很长时间的“互动”，但实际并没有见过面。例如，两个地理距离遥远的人由于工作原因需要经常交流。然而，他们只通过电子邮件等方式进行“互动”/交流。在这种情况下，尽管地理距离遥远，但他们却被“拽”进了彼此的即时邻里之中。

（2）临时互动

临时互动横向地超越了即时社交网络[①]。通常，一个人与某个其他人只互动一次或几次，或者互动一段主观上（从个人角度看）不是很长的时期，这种互动就可以称为临时互动。在这种互动中，一个人可能会对他的临时互动同伴存有一些先入之见。这些先入之见可能来自其互动伙伴的某种“标签”。例如，一个人会对自己之前的经历进行分类。当进行一次临时互动时，他可能会把眼前的互动伙伴和他认为与他当前的互动伙伴有某种共同特征的人联系起来。另外，这些先入之见也可能来自对其同伴的即时感知，如在交流之前以及在交流过程中的感知。

① 与Seltzer和Smirnov（2015）一样，本研究不把这种与诸如陌生人的临时互动视为分离度（separated degree）的变化。

（3）观察

（狭义）观察既可以是以直接的方式进行，也可以是以间接的方式进行，即直接观察和间接观察。这里的直接观察指的是这样一种情况：比如某件事发生在（地理上的）附近并且一个人可以目睹正在发生事件的全过程或部分过程，或者甚至只是一瞥，而这个目睹过程可能会引起人们的同情或其他情绪等。相比之下，间接观察需要有其他中介，如大众媒体、移动终端、互联网等。随着技术的发展和创新想法的实现，越来越多允许人们随时随地进行间接观察的中介涌现出来。Bandura（1971）①提出，“考虑到人们花费大量时间观看电视范例，大众传媒或许在塑造行为和社会态度方面发挥着有影响力的作用”。

（4）口头传递信息

口头传递信息既可以是纵向的，也可以是横向的。纵向口头传递的信息这里主要指关于前代的人的信息。这种语言的形式反映了人类祖先实践、由我们的前辈口口相传、总是与我们当代人所做的决策一致并指导我们当代人所做的决策。对于横向口头传递的信息，这里主要指信息是如何在社交网络中进行扩散的。沿着社交网络，一个人既可以了解当地发生的事件，也可以了解甚至不是当地发生的事件。这里应该指出的是，纵向口头传递信息的实现离不开横向口头传递信息的参与。例如，谚语是一种反映了人类祖先实践、由我们的前辈口口相传、总是与我们当代人所做的决策一致并指导我们当代人所做决策的语言形式。这就是后代人学习前代人的生动例子。当然，谚语也可以通过记录传播。

① BANDURA A. Social learning theory［M］. New York：General Learning Press，1971：10.

（5）书面记录

书面记录也是传递思想和事实的重要渠道。其影响主要体现在诸如史料上，而史料在很大程度上是构建集体记忆的一种资源。

3.1.8 距离和人际关系

如前所述，互动（包括不互动的决策）是传递个人可信性和信任态度信息的重要渠道。此外，一般来说，其他条件相同的情况下，较短的距离和/或相同的互动平台会提高人际互动的发生概率，从而便利人际互动。因此，可以将距离分为三种类型，将平台分为四种类型。下面对其分别加以阐述。

（1）距离

① 对于人际关系而言，地理距离顾名思义，指的是两个人（或两个群体）之间的空间、位置距离。地理范围可粗略划分为本地的和遥远的两种范围。地理上的近距离为频繁的实际见面提供了便利，因为跨越遥远地理距离的实际见面需要更多的时间和金钱成本。此外，给定见面是愉快的，在其他条件相同的情况下，频繁的见面（或至少不是稀少的见面）有利于关系的建立和维系，特别是对于非血缘关系。

② 关于社会距离（social distance），不同的学者从不同的角度对其进行了阐述（Park，1924；Bogardus，1925，1947；Bourdieu，1989）。Park（1924）将社会距离定义为“一般刻画个人和社会关系的理解和亲密的等级和程度”。Bogardus（1925）在此基础上构建了社会距离量表（social distance scale）。Bourdieu的社会距离概念与其社会空间概念不可分割，并且对于区分不同的社会阶级（social classes）非常重要。Bourdieu（1989）认为，社会空间（social space）

是“不可简化为……互动……的客观关系”[1]的集合体，是资源分配的空间。其中，Bourdieu（1989）强调了四种资源，即经济资本（economic capital）、文化资本（cultural capital）、社会资本（social capital）和符号资本（symbolic capital），并赋予社会空间两个维度，即资本总量（the overall volume of capital）和资本结构（the structure of capital）。因此，社会距离是社会空间中两个位置之间的距离，也是不同社会阶级的距离，并且代表了不同主体等所占有的不同资源。“这个（社会）空间的构造是这样的：位于这个空间内的代理人（Agents）、群体或机构越接近，它们所拥有的共同属性就越多；而越遥远，就越少”[2]（Bourdieu，1989）。

在本研究中，社会距离是指两个人（或两个群体）的社会阶级、社会分层、社会位置等方面的客观接近程度。因此，社会距离在某种程度上是一种垂直结构。在同一社会距离指标中，还可能存在进一步的分层。在其他条件相同的情况下，一个人更有可能同那些与他的社会距离较短的人组成或加入一个共同的社交圈。通常，人们会在自己的社交圈内进行社交活动，并且因此他们更有可能与自己社交圈内的人相识。此外，在其他条件相同的情况下，社会距离较短的两个人比社会距离较长的两个人更容易有相同的立场和作为结果的利益，也更容易相互理解。在现实生活中，不同的职业也可能被暗含地赋予了不同的社会地位。从事相同职业的人更有可能相互有认识之人、互动和相互知道。例如，一位学者通过参加其科研领域的学术会议，更有可能认识更多的同行学者。假定较高社会阶级和社会分层中的人数较少，并且社会中总共有三个社会阶级、每个社会阶级有三个社会分

① BOURDIEU P. Social space and symbolic power [J]. Sociological Theory, 1989, 7 (1): 16.

② BOURDIEU P. Social space and symbolic power [J]. Sociological Theory, 1989, 7 (1): 16.

层，图3-3展示了社会距离与社会阶级的可能关系，一个社会阶级包含几个社会分层。一般来说，人们同与其处于同一社会阶级和社会分层的人的社会距离较短。然而，处于较低社会阶级的较高社会分层的人也可能与另一个处于较高社会阶级的较低社会分层的人有较短的社会距离。

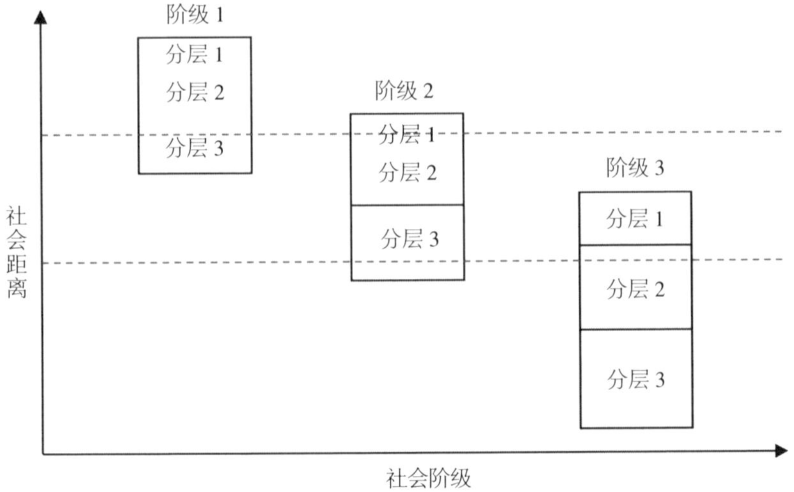

图3-3　社会距离与社会阶级

注：不同社会阶级区块的大小代表每个阶层的人口数量。社会阶级或阶层的数量越少，该阶级或阶层在社会中的地位越高。

③ 这里说的心理距离是指在基于心理过程和/或思维方式的异同的主观感受到情感上的相互亲近，特别是涉及价值判断、道德原则等的心理或精神过程。总之，心理距离以心理层面的心理活动为前提。相对较短的心理距离通常有利于长期关系的建立和维持。当然，并不是心理层面的所有活动都有利于关系的维持。例如，一个只关心自己的利益的自私之人通常不可能与另一个自私之人相处得很好，这可以被视为一种生活价值观。

需要顺便指出的是，在文献中，地理距离、社会距离和心理距离之间的界限和范围往往模棱两可。一方面，社会学家可能会从心理学的角度来定义社会距离（Park，1924）。另一方面，在一些社会心理学的研究中，社会距离被视为心理距离的一个维度。例如，Liberman、Trope和Stephan（2007）区分了心理距离的四个维度，即时间距离（temporal distance）、空间距离（spatial distance）、社会距离（social distance）和假设性（hypotheticality）。然而，本研究显然不是以这种方式使用这些术语。本研究用“社会距离”来表示社会方面，用“心理距离”来表示心理方面，因为虽然本研究承认这三种距离在某种程度上相互关联，但当用一个术语来表达某种含义时，这个术语最好更加直观。具体来说，地理距离可能与心理距离有关：在地理上长期生活在同一地区的人很可能已经被整合进当地的文化、习俗等。社会距离可能与心理距离有关：处于同一社会阶级的人可能会出于各自的立场做出相似的价值判断。地理距离可能与社会距离有关：富裕阶级和贫困阶级往往聚居在当地区域的不同地区。然而，在某种程度上的联系并不是一个概念属于另一个概念的理由。

（2）互动平台

本研究的标题特别强调了“‘深层’网络结构（‘deep' network structure）”。这一概念与Elsner等人的多篇论文（Elsner，2007；Elsner and Heinrich，2009；Elsner，2010；Elsner and Heinrich，2011；Elsner and Schwardt，2014；Elsner and Schwardt，2015）中关于“中观”规模的互动平台和舞台（meso-sized interaction platforms and arenas）的概念密切相关。在他们的论文中，Elsner等人强调了互动平台和舞台的规模维度。Elsner（2007）认为，中观水平（meso level），即中等规模的群体（mid-sized groups）是制度或结构出现的适当层面。Elsner和Heinrich（2009）运用一个囚徒

困境的超级博弈（supergame），进一步从群体视角探讨了一项制度与共载体群体（carrier group）规模的共同演化。然而，Elsner和Schwardt（2015）认为，“它（互动场域（interaction arenas）的规模）不是关于群体总体的绝对规模，而是互动场域的‘内在’规模结构（‘inner’size structure）”[①]。

“结构”一词通常指一种空间或比例安排。不同的互动平台如何安排就产生了一种结构。除了互动平台的规模维度，在这些互动平台上进行的是相互依赖的个体的微观互动过程。一个特定的个体跨平台进行互动意味着不同的互动平台可能包含一些（至少一个）相同的个体，这些平台因此是重叠的。受Elsner和Schwardt（2014）的启发，Dai（2015）将互动平台分为四种类型，即政治平台、经济平台、社会平台和国际平台[②]。然而，本研究提供了另一种考虑互动平台、同时也是考虑互动平台重叠的方式。请注意，这甚至不是对互动平台大致详尽的分类，它只是提供了思考和理解重叠互动平台的不同角度。最重要的是，相同的互动平台不仅便利互动，平台本身也是互动发生的地方。

① 地理位置相关的平台。地理位置的接近可以形成互动平台，并增加互动的可能性。随着一个人移动到不同的地理位置，他会遇到不同的互动伙伴。更快的流动速度会增大遇到更多陌生人的可能性。

② 基于组织的平台。同一组织内的人有更多机会进行互动。以同一公司的同事为例，尤其是同一部门或有直接上下级关系的同事。他们的办公室通常在同一地点或相距不远，而且经常会一

---

① ELSNER W，SCHWARDT H.From emergent cooperation to contextual trust，and to general trust：overlapping meso-sized interaction arenas and cooperation platforms as a foundation of pro-social behavior［J］. Forum for Social Economics，2015，44（1）：81.

② DAI S.Networks of institutions：institutional emergence，social structure and national systems of policies［M］. London，UK，New York，NY：Routledge，2015：100-102.

起处理同一个项目。此外，在同一地点工作也有利于人际关系的建立。

③ 社会角色相关的平台。一个人社会角色的多重性也为互动平台的重叠提供了可能性。例如，一位女性既可以是一位母亲，同时也可以是一名教师。作为母亲，她与自己的孩子和其他与母亲职责相关的人互动；作为教师，她与自己的学生、其他教师和单位中的其他工作人员互动。

④ 事件相关的平台。互动平台可依据个人处理的不同事件而变化。当个人参与某个事件时，他进入平台并与同样参与该事件的其他人互动；当事件结束时，平台消失。因此，不同的事件提供了不同的互动平台。

⑤ 基于技术型平台。这类平台主要是为了区别于现实社交互动网络。在现代信息技术的支持下，各种在线社交平台涌现，如Twitter等。在中国，有诸如新浪微博的在线社交网络，也有诸如腾讯QQ、微信的即时通信软件。这些在线社交平台与现实社交网络重叠，并提供随时随地的交流。然而，网络社交平台的显著特点在于，它们提供了与更多陌生人交流和从更多陌生人处获取信息的机会①。

⑥ 时代平台。人们只能与同一时代的人进行实际互动。生活在同一时代因此为该时代的人提供了一个互动平台。他们是自己所处时代的“社会现状”的创造者，当然也包括其所处时代的整体信任和可信性环境。

需要注意的是，不仅一种类型的距离或互动平台可能与另一种类型的距离或互动平台相关，而且一种类型的距离也可能与某种类

---

① 随着人工智能的发展，人类变得更有可能与基于人工智能的机器人互动。例如，2016年3月，人工智能国际象棋计算机程序AlphaGo与韩国职业棋手李世石进行了一场比赛。可以预见，未来将出现更多基于技术的平台。

型的平台相关。比如，较短的地理距离可以形成一个与地理位置相关的平台，与地理位置相关的平台和基于组织的平台也可能重叠。它们之间可能存在某种关系并且确实强调了不同方面，从不同的视角进行的观察，这导致它们并不完全相同。以地理位置相关平台和基于组织的平台为例。与地理位置相关的平台可能大到一个村庄、一座小镇或一个城市，而一个组织可能在地理位置遥远的城市设有分支机构。

3.1.9 从微观到宏观的网络化和网络的异质性

“社会网络分析被认为是连接社会学理论微观和宏观层面的工具”[①]（Granovetter 1973）。广义和粗略地说，正是网络连接了微观与宏观层面，并且使宏观现象更引人入胜，无论微观层面的个体指的是什么对象以及处于哪个领域。但是，这并不意味着存在直接将微观与宏观联系起来的纽带，它是指相互联系的微观个体形成了各种现实的宏观水平现象。这就是本研究所称的“从微观到宏观的网络化（networking micro to macro）”。

Granovetter（1985）认为，正是社会关系网络产生了经济生活中的信任并维持秩序[②]。不过，Granovetter（1985）也承认，社会关系网络并不一定能保证信任的涌现和秩序的维持；不信任、机会主义和无序确实存在于社会关系网络中，因为“社会关系网络在经济生活的不同部门中的渗透是不规则和不同程度的”[③]。社会网络可能“是信

① GRANOVETTER M S.The strength of weak ties [J]. American Journal of Sociology, 1973, 78 (6): 1360.

② GRANOVETTER M. Economic action and social structure: the problem of embeddedness [J]. American Journal of Sociology, 1985, 91 (3): 491.需要注意的是，Granovetter（1985）认为，制度安排、一般道德和社会关系网络在经济生活中起作用的情境不同。

③ GRANOVETTER M.Economic action and social structure: the problem of embeddedness [J]. American Journal of Sociology, 1985, 91 (3): 491.

任和可信行为的一个必要条件”[①]（Granovetter，1985），但绝不是信任和可信性的充分条件。换言之，信任既是在互动中建立的，也是在互动中摧毁的。

网络是关系的一种表现形式。网络理论源于数学中的图论（graph theory）。节点（nodes）和边/连接（edges / links）是抽象后的网络的两个基本要素。但本研究认为应该有三个要素，即节点、边或关系以及流（flows）（边或连接上的流），因为流会影响连接的强度。当然，那些只有节点而没有边的网络也被视为一种网络，一种特殊形式的网络，在图论中被称为“无边/空图（edgeless / empty graph）”。虽然这类网络在现实中并非不可能存在，但它们往往缺乏现实兴趣，它们的意义或实践价值在于它们作为网络状态的表示。例如，它们可以用来表示网络动态（network dynamics）中所有关系都已消失或尚未建立任何关系的状态。然而，严格来说，没有连边的网络不适合被称为“网络”，因为它们缺乏网络的形式或模式。从这个意义上说，边对于网络来说是相对重要和确定的，并且任何相连的对象都可以抽象为网络。

总而言之，现实的宏观现象通常与网络密不可分。一定范围内微观层面的个体是具有各种关系的个体。仅从微观层面和宏观层面之间的反馈来解释发生在它们之间的效果以及网络在其中的作用是不够的，即使增加了更多的中间层。因此，为了更好地理解在微观与宏观层面之间发生了什么，需要四个步骤或层次来解释微观个体如何在网络的影响下产生宏观现象。网络之所以重要，是因为它提供了互动的基础以及效果变化的条件。

---

① GRANOVETTER M.Economic action and social structure：the problem of embeddedness［J］. American Journal of Sociology，1985，91（3）：491.

步骤 1：赋予/网络过程

人类社会的宏观现象以人类活动为条件，而人类活动进一步又依赖于或构成某种关系网络。假设所研究的网络是人类社会中的网络。当先前存在的研究范围相同时（即同一群人），形成的网络也可能不同，因为边/链接代表的关系可能不同，如朋友关系网和亲属关系网。当然，也不排除连边意义不同的两个不同网络或许呈现出相同视觉模式的可能性。这种将具有特定意义的边/连接（所研究的某些关系）与节点（所研究的某些个体集合）相结合的过程就是“赋予过程”或“网络过程”。它将不同属性的连边赋予在节点上。这一过程将直接导致下一个结果——网络的形成。

步骤 2：微观效应

基于网络的微观层面的基本效应可以被抽象和简化为任意两个节点及其之间的边/连接上的效应，这些节点及其之间的边决定了一种效应是否会产生、产生的效应对某种最终宏观现象是积极的还是消极/被动的以及产生的效应有多强。产生的微观效应可以用一些（不）等式来简洁地表示，这些（不）等式可分为三大类：第一类是 $1+1<0$，表示对某种最终宏观现象产生负效应；第二类是 $1+1=0$，意味着没有实际效应；第三类是 $1+1>0$，表示产生正效应。进一步，在第三类中，也有三种情况：第一种是 $1+1>2$，代表强化效应；第二种是 $1+1<2$，代表削弱效应；第三种是 $1+1=2$，代表聚集效应。

步骤 3：合成过程

众多微观效应形成某种宏观现象需要一个过程，这就是合成过程。在这个过程中，上一步产生的微观效应通过一系列方式合成，如抵消（$1+1=0$）、加强（$1+1>2$）、削弱（$1+1<2$）、叠加（$1+1=2$）等。因此，这也是微观效应变化的一个过程。同时，在这个过程中，一些

结构或模式也会逐渐呈现出来。

步骤 4：宏观层面的呈现

至少有三种具体形式的宏观现象可以引起人们的注意：第一种是以具体数字体现的某种宏观指数；第二种是某种事物在某种宏观范围内的分布；第三种是像流网络的某种模式。

异质性无处不在。如前所述，异质性是现实世界复杂性的一个突出特征。现实中宏观网络现象之所以丰富以及不断变化，就在于异质性的推动。就网络领域而言，异质性已经能从不同的视角得到不同的描述。

① 节点的异质性

就人类个体而言，人们的文化背景、价值观、信念、态度、偏好、教育背景、收入等各不相同。同时，人们的个人信任水平也不尽相同。此外，人类个体典型地拥有塑造自己心智模式（mental modes）的不同的经历（Denzau and North，1994）。此外，指导行为的规则和制度也不尽相同。就经济实体而言，以公司为例，公司有不同的章程、治理结构、资产负债水平、盈利能力等。

② 边的异质性

边的异质性体现在以下方面：第一，客观关系的性质，如亲属关系、上下级关系、同事关系、合作关系等；第二，情感关系强度，在情感关系中被连接的人类个体有短的心理距离；第三，互动频率；第四，沿连边传递的主题。

③ 流的异质性

流的异质性包括三个方面：第一，流的内容。只要网络存在，各种“流”就会沿着网络流动。“流”可以是产品（即产品网络）、信息、资金、风险、疾病等。流的性质、数量、质量和速度均是多样化的。第二，流量。流的流量也是关系强度的重要体现。第三，方向。

给定所研究的网络中的每个节点都有唯一的、可识别的身份，流量方向的作用就变得更加重要，因为它揭示了目标资源流向何处、哪个节点收集了多少资源、谁是资源富裕者而谁不是等。此外，流的方向最终将成为节点的一个特征。

④ 博弈类型/结构的多样性

需要注意的是，由于所描述的是人际网络，因此存在人际互动（如抽象为博弈）。个体会参与到不同的互动或博弈类型，而不是参与单一类型的互动或博弈。此外，不同的互动类型对参与各方可能具有不同的意义和重要性。如果从某种博弈类型中获得的支付可以分为物质支付和非物质支付（如精神回报或情感价值等），那么非物质支付也可能发挥重要作用，该作用进入参与各方的感知。

⑤ 平台的异质性

不同的平台由不同角色的个人组成，参与不同的事件并得到不同机制的支持。关于互动平台的解释已在前文介绍[①]，这里不再赘述。

⑥ 网络结构的异质性

网络结构是针对时点的。换言之，网络结构是某个特定时间点（被观察到的）的结构。不是所有网络结构都随时间变化。给定一个时期，可能有些网络结构会随时间变化，而有些则不会。如果网络结构确实会随时间变化，在其他条件相同的情况下，不同的网络结构也会导致不同的演化过程和宏观表现。在现实中，网络结构可以有很多种。在比较不同的网络结构时，可以使用一些网络统计指标（如直径、度分布、聚类系数等）来研究网络结构的性质（有关网络结构各种指标的详细介绍，参见 Costa et al.，2007；Jackson，2008）。此外，

① 见第3.1.8小节。

还有一些网络结构类型的特例，如小世界网络（Watts and Strogatz，1998）和无标度网络（Barabási and Albert，1999）。在现实中，由于人类社会中抽象节点数量巨大，对于内存空间和计算能力以及计算时间是一个巨大的挑战，因此测量网络结构往往会遇到巨大的困难。这也是网络实证研究的一大障碍。

强调异质性的主要动机来自组合的巨大力量。异质性的各种组合产生了多样性。必须承认，上述分类并不全面。然而，在第4章进行进一步分析之前，它们提供了一些有意义的视角和理论背景。

3.2　空间流动与信任，以及社会流动

3.2.1　地理流动

本研究将空间流动（spatial mobility）和地理流动（geographical mobility）看作可以互换。通常情况下，地理流动意味着超出一定的局部区域，是跨不同局部区域的流动。至于局部区域有多大没有具体的标准，不同的研究可能有不同的处理方法，取决于所研究的是什么。不过，几乎可以肯定的是，至少一个人熟悉的邻里社区是局部的。因此，在本研究中，空间流动指的是一个人离开他本地的、通常也是熟悉的环境一段时间到另一个地方去。我们可以从三个角度来看待地理流动：第一，从单个地理流动者的角度来看，个人的地理流动是指其地理位置的改变。第二，从一个局部区域的角度来看，地理流动是指人们流入流出该区域的过程。第三，从涵盖不同局部区域的更大区域的角度来看，地理流动可能会显示出对人们在不同地方流动的整体模式的兴趣。

地理流动基本上有两个维度，即距离和时间。假设距离维度只有两种情况，即长距离流动和短距离流动；时间维度也只有两种情况，即长时间流动和短时间流动。那么，就会产生四种组合，即长距离和长时间地理流动、长距离和短时间地理流动、短距离和长时间地理流动、短距离和短时间地理流动。一般来说，其他条件相同的情况下，一个人的地理流动得越遥远，他越有可能遇到不同的文化、社会规范、价值观等。其他条件相同的情况下，一个人的地理流动时间越长，他就越有必要适应当地的新生活。

地理流动可以是国际流动、国内流动、省际流动、省内流动、从农村到城市的流动等。其中，给定一定距离的地理流动，对于领土面积小的国家的人来说，相对于领土面积大的国家的人，地理流动更有可能体现为国际流动，不考虑可能存在的进入其他国家的制度障碍（如护照等）以及一个国家在地球上的地理位置；相反，对于领土面积大的国家的人来说，土生土长的人的国内流动更有可能是地理流动的形式，这是由领土面积和可能的国内地理距离之间的自然关系决定的。

地理流动可以出于不同的原因或目的，也可以有不同的时间长度。例如，人们可能会因为教育、工作、旅行，甚至逃避战争而进行长距离或短距离的地理流动。就劳动力流动而言，特别是对于传统农业国家或地区而言，对土地依赖的减少、农业生产活动的季节性以及其他部门对劳动力需求的增加等，都为劳动力从农村地区向城市地区流动创造了条件。

对于一个在地理上迁移到另一个地方的人来说，地理流动意味着局部互动网络的改变。此外，相对较短时间的流动与相对较长时间的流动所产生的个人互动网络是不同的。图3-4展示了短期和长期地理流动前后以自我为中心的个人互动网络的一般差异。通常，在短时间的地理流动中，一个人通过偶尔的互动与他人建立牢固关系的可能性较小；而在长时间的地理流动中，由于互动更加频繁，与他人建立牢固关系的可能性要大得多。

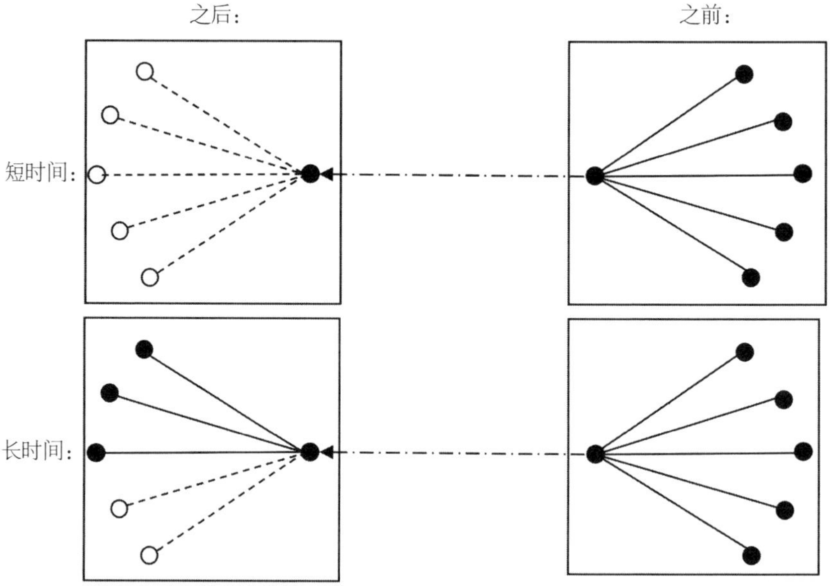

图3-4 个人地理流动：短时间与长时间

注：相同时间长度的正方形代表地理上不同的局部区域。带虚线的箭头代表流动。用箭头连接的、跨越两个不同的地区的两个实心圆圈，表示“自己”在地理上从一个地区移动到另一个地区。其他用实线与“自己”相连的实心圆代表通过频繁互动建立的相对稳定的关系，而用虚线与“自己”相连的空心圆代表通过偶尔互动建立的临时关系。

从一个特定局部地区的视角来看，地理流动与流入和流出人口的规模以及他们在该地停留的（平均）时间长短有关。一般来说，一个地方的流入人口越多，平均停留时间越短，其流动性就越高。在研究人口流动对流入地某些社会指标的影响时，流入地会呈现出哪种状态与流入地的人口总数、人口流动的速度、流入人口占总人口的比例、流入人口的结构等因素有关。此外，在谈到地理流动对当地人可能产生的影响时，应区分两个视角，即流入地当地人的视角和流入人口的视角。因此，地理流动如何影响信任也可以从这两个视角进行分析。当地人和流入人口对同一事物的看法和态度可能不同，甚至相反。

3.2.2 地理流动与信任

一些学者认为，人口的高流动率（包括移民和国内迁移/城市化）可能会导致信任的中断（Zucker，1986）。同样，一些学者也意识到大城市的信任度低于小城市或小城镇（Putnam，2000；Glaeser et al.，2000a）。一般来说，地理流动是否会导致不信任以及导致不信任的程度会受到很多因素的影响，如一个地方的流动率、作为本地人或流入人口的身份、百分比、非本地（流入）人口的多样性和特征、对多样性（传统与否）的容忍/接纳态度以及包容性、从相对较低的流动率到相对较高的流动率感知的变化、国家的国际化程度（如果所研究的是一个国家）、个人经历、各种资源和公共服务的充足性和可得性、公共安全、打击犯罪的力度、警力等。本研究总结了地理流动导致不信任的三个深层次原因。

根据信任问题的性质，地理流动可能导致三种信任下降。一种是来自不同背景的思维倾向、价值观、文化、认可的行为等的不信任。给定人们遵从其自己的社会规范等，这种不信任的缓解需要在新的当地生活中再社会化，或构建一种经过修改的/新的当地文化，以获得和谐的共同生活，否则就可能发生分隔。根据在线《牛津英语词典》，社会化（socialization）（2009）是“与他人建立联系的过程；具体而言，一个人通过内化特定社会或群体的价值观和规范，学会在其中发挥作用的过程”。价值观（values）（2011），根据在线《牛津英语词典》中的解释，是“一个人或社会群体所持的原则或道德标准；对生活中什么是有价值和重要的普遍接受或个人持有的判断”。(再) 社会化需要一定的时间和精力，换言之，承认个人的学习意愿和速度不同的前提下，(再) 社会化需要学习成本。当一个人去到一个遥远的、文化不同的地方时，给定与当地人有足够的互动，并且有足够的意愿学习当地人的行为方式，那么他的行为或多或少都会受到当地人的影响。因此，再社会化是一个从有意识效仿当地人的行为，到习惯性行为，再到认为这样的行为理所当然的过程。当然，也有可能是相似的人往往生活在相对小而集中的社区。如前所述，一般来说，地理距离远往往意味着文化距离远。当地文化环境、文化背景、思维方式、价值观念或行为判断标准中的异质性、差异或不相似，可能会引起伴随不信任的不满意、争论、冲突等。Zucker (1986) 认为，这是因为人口流动违反了“共同知道的世界”和创造共同预期所基于的背景预期。此外，根据在流入地停留时间的长短，适应新的当地生活的必要性也不同。例如，通常工作流动的时间相对较长，而旅行流动的时间较短。具体来说，在流入地生活时间相对较长，需要更多地融入当地文化、被认可的行为等，否则流入人口可能会感到如鱼离水。相比之下，在流入地临时逗留则既不需要调整心态，也不需要调整行为。

然而，相对于国内人口流动而言，第一种情况更有可能发生在国际流动中，因为除了历史较短的国家外，一个国家的人民已经融合了很长时间。这意味着共同的文化、价值观等已经建立并内化。正常来说，国内流动相对较少涉及背景文化、价值观等方面的冲突，人们的立场可能起着相对突出的作用 (第二种情况)。不同的立场会导致不同的观点。想象一下公共资源在当地人口和外来人口之间不同的分配。

第三种是坏人故意在人口众多和人口流动性大的地方做出的被广泛反对的行为，以获取欺诈性收益，因为这两个因素（即人口众多和人口流动性大）似乎为故意的不诚实行为创造了天然条件并且通常会被坏人利用。此外，另一个值得注意和考虑的问题是，大城市或城市地区也吸引着来自不同地方的蓄意伤害、欺骗或欺诈他人的“坏人”。虽然不是每个陌生人都伤害别人，但坏人更可能来自陌生人，这就是支持“不要相信陌生人”这一观点的基本态度。人们倾向于避免潜在的伤害，而不是获得同等数额的潜在利益。此外，在许多情况下，受到伤害的可能性和获得潜在利益的可能性是不同的。

3.2.3 关于地理流动和社会流动以及社会资本的简短讨论

从个人角度看，社会流动是指一个人在社会中向不同于其当前所处的社会阶级或阶层的流动，通常涉及其本人甚至其家庭的社会地位和经济状况的变化。个人的地理流动和社会流动并非互不相关。现实中，社会流动的提高可能需要地理流动。换言之，人们可能会通过地理流动来追逐社会流动的提高。例如，从农村地区到城市地区接受教育或实现就业的地理流动往往是为了获得更好的社会经济地位。从这个意义上说，空间流动是社会流动的一种手段。

关系的数量和强度是个人社会资本（social capital）的两个重要方面。个人的地理流动既可能增加也可能减少个人的社会资本。一方面，长时间、远距离的个人地理流动可能会迫使以前的个人社会关系淡化，甚至断裂，这是比较常见的情况。另一方面，在一个人采取一些措施来维持在不同地方的各种关系的前提下，此人的地理流动可能会增加他的社会关系数量，因为个人的地理流动连接了跨区域的社交网络，从而增加了从不同的以自我为中心的局部社会网络中获取潜在资源的可能性。

3.3 制度

制度是用来指导行为的（即面向行为的），并且行为传递信息。他人是否遵守制度，是影响一个人对他人可信性的判断、形成信任态度和实施信任行为的极其重要的因素。Veblen（2005）认为，“制度实质上是关于个人和社区的特定关系和特定功能的普遍的思维习惯（prevalent habits of thought）”①。Bush（1987）认为，“‘制度’可以定义为一套社会规定的相关行为模式（socially prescribed patterns of correlated behavior）”②。Denzau和North（1994）把制度看作共享心智模式（shared mental models）。一旦某种普遍认可的制度形成，它在大多数情况下就像人际间的缄默协议（tacit agreement），不必在每次社会互动前都特别指明。North（1990）区分了两种制度类型，即正式制度（formal institutions）和非正式制度（informal institutions）③。本研究从两个不同的视角对制度进行了分类：第一种是将制度分类为问题解决的制度、问题避免的制度、影响/问题控制的制度和责任追究的制度；第二种是将制度分类为价值观型制度和构建的制度。

---

① VEBLEN T.The theory of the leisure class：an economic study of institutions［M］. Delhi：Aakar Books，2005：143-144.另外，该书最初出版于1899年。虽然在《有闲阶级理论：一个制度的经济学研究》（The Theory of the Leisure Class：An Economic Study of Institution）中，Veblen（2005）从消极的角度阐述了制度，但其理论的思想精髓也适用于制度解释的积极方面。

② BUSH P D.The theory of institutional change［J］. Journal of Economic Issues，1987，21（3）：1076.

③ 也有其他学者对制度进行了分类。如Dai（2015）将制度分为三个层次：基本制度（fundamental institutions）（第一层次）、宪法制度（constitutional institutions）（第二层次）和操作制度（operational institutions）（第三层次）。

3.3.1 制度的分类 I：问题解决、问题避免、影响控制和责任追究

面对互动问题或潜在的互动问题，人们经常会求助于制度。因此，制度具有“问题”基础。本章对制度进行分类的第一种方法是从制度的功能或目的视角，并且本质上是面向问题的。同时，这些类型的制度也是人们形成或创造制度的激励。简言之，制度可以分类为问题解决的制度、问题避免的制度、影响/问题控制的制度和责任追究的制度。这种分类方法具有重要的实践意义，因为它使人们思考哪种制度被违反以及在哪些方面信任可以提高。

问题解决的制度是为了在问题发生之后解决问题。因此，其是一种事后方法。问题解决的制度可以是暂时有效的，也可以是长期有效的，还可以是问题削弱的。然而，在很多情况下，人们不希望在问题发生后再去解决问题；相反，人们希望首先采取一些行动来避免问题的发生。事先避免问题的制度就是问题避免制度。问题避免的关键在于正确意识到哪些行为引起问题而哪些行为不会。根据问题的不同性质，有些问题可能更适合事后解决，而有些问题则更适合提前预防。是事后解决还是事前避免有两个重要标准：一是二者的相对可行性；二是二者的相对成本和价格。

关于人们为什么是问题回避的一个合理的解释在于人类的想象能力（想象力）、联想能力和推理能力。这些能力与预测能力不同且在人类的决策和未来行动中发挥着重要作用，因为人们可以想象和推断出某些事件将如何展开和演变、其他人将如何行为、如果他以何种方式做某事会产生什么问题及会给他带来什么结果等。此外，即使某不合意之事的发生是不确定的或一定的，人们也会想象如何防止此问题的发生。人们往往会在头脑中构建一个未来的情境，并尽量避免问题在他们想象和头脑中构建的场景出现。

影响/问题控制制度是为了处理已发生的问题所产生的影响。它们试图控制的问题的事后影响可能包括影响的范围、程度、持续时间等。这类制度的目的是在问题解决方案被设计出来之前、在问题最终得到解决之前、在问题实际上无法解决的情况下，减少所引起的损害。需要注意的是，虽然这些制度的初衷是控制各种问题所产生的影响，但是否能达到预期的控制效果以及达到何种程度并不能保证。

与问题解决的制度一样，责任追究制度也是为了处理已经发生的问题。这类制度往往相对具体，可能包括是否追究责任以及如何追究责任。比如，问题是在哪个环节产生的，坏结果中哪个最严重等。责任追究制度实际上强调的是制度的惩罚方面。然而，需要牢记的是，实际的底层标准仍应是那些合意的、抽象的价值观，如正义、公平等。一项制度要成为责任追究的制度，可能需要具备一些基本要素，比如：（a）问题的发现者或举报者，（b）直接责任人，（c）调查人员，（d）责任裁判，（e）实施惩罚的一方或多方。

3.3.2 潜在问题的显现

正如前文所解释的那样，也正如我们所承认和愿意承认的那样，制度的出现在很大程度上根植于问题解决和问题避免。因此，对问题的显现（或暴露）的探讨预期会有较大的启发意义。

在许多情况下，一系列行动可以使某件重复发生的事情完成，而无需教导行动者明辨是非。参与做这件事的行动者似乎都有一些未言说的，甚至无法言说的知识（“缄默知识”）。这些知识可以指导他们把一件事做好，甚至做得非常好。目前参与的以及之前参与的行动者似乎达成了某种缄默共识，以至于迄今为止，没有发生任何妨碍取得令人满意的结果的事情。与不完全契约类似，人们可能并不总是意识到建立某种相对明确和正式的“制度”是必要的，直到某个问题确实发生了，而且将来可能还会发生。然而，做事情的并不总是同一群人，同时，未实现的潜在问题确实存在。但这并不意味着一些问题永远不会发生。一个触发条件在于，当某些事情涉及一个边际增加的新人时，他可能会忽视存在于先前群体内部的明确“共识”，在没有预防措施的情况下引发一些先前潜在的问题并引起一些令人不满意的结果。结果不令人满意，可能是因为它造成了较大的事后成本；可能是因为它扰乱了完成某事的正常程序，并且可能会有一系列小问题累积的较大风险；或者，也可能仅仅是因为涉及的行动者认为这些问题对体现其谨慎的工作作风有负面影响等。总而言之，问题的显现（或暴露）引起了建立一些明确制度的需求。这些明确的制度可以通过口头的共识和承认来建立，并通过口头传递给（一般化的）边际增加的人[①]；也可以通过一些相对正式但不绝对正式的书面渠道，如写在纸上，然后传递给其他人。可以说，在制度不仅适用于当前涉及的人、也适用于后来者这个意义上，制度在某种程度上是特定情况下特定主体依赖的。因此，一些以前潜在的和未实现的问题的显现（或暴露）是制度产生和涌现的一个重要环节。如果没有这个环节，某个特定的制度可能永远不会被感知到有必要建立。此外，随着新问题的不断显现，制度网络也会越织越密。

然而，新问题的不断显现或老问题的不断发生，并不意味着一定会激发建立某种制度的意愿或必要性感知。这可能还取决于对这些问题的态度、由这些问题引发的洞察以及问题的性质等。

---

① 这里的“边际增加”并不一定指“一个一个地增加”，在某种程度上指一般化的“边际增加”。

3.3.3 制度的深度

本节提出了问题解决和问题避免的三个层次。这三个层次的深浅是相对于“问题”而言的，代表着触及的问题的深度。它们在及时性、效果和机制方面可能有所不同，但是，这些差异可能不是绝对的。问题解决和问题避免的不同层次可能适用于不同时间、不同情况下的不同问题。选择哪个层面需要具体全面进行考虑。同时，对这些层次上解决或避免问题的方法的副作用也应给予足够的重视。

（1）问题之上

这种方法在没有真正触及问题本身的情况下“解决”或“避免”了问题。因此，这种方法并不能彻底解决或避免（或预防）问题，问题可能只是暂时被抑制，但今后将会再次出现。这种方法的一个优点是，它可能会在非常短的时期内直接见效。在很多情况下，我们可能需要或实际应用这种问题解决或问题避免的方法，比如当问题的后果并不严重时，或当我们没有足够的时间来处理问题时，或当不适合触及问题时，或当我们实际上没有意识到这种方法相对过于肤浅、不能彻底解决或避免问题时等。

（2）恰在问题上

这种方法直接在问题本身上“解决”或“避免”（或“防止”）了问题，也就是意味着问题被触及。这是我们处理某个问题的通常方法。这种方法见效所需的时间可能取决于问题的性质。这种方法实际上可以说是“局部”的，因为它通常聚焦于问题本身，而不太关心其他相关的事情。因此，通过这种方法解决的问题可能还会再次出现，因为它是一种局部的问题解决或问题避免（或问题预防）的方法。

（3）问题之下

这种方法对问题的本质及其深层原因有着深刻的洞察力。因此，这种方法能穿透问题。毋庸置疑，与上述两种方法相比，这种方法可能需要更长的时间才能见效。但同时，这种方法的效果也会更彻底、更持久。该方法的机制就是协调支撑问题的各种因素。

3.3.4 制度的分类Ⅱ：价值观型制度和构建的制度

（1）价值观型制度

本研究定义的价值观型制度是指本身也是价值观的制度。以公平、正义、诚信等为例。它们都是合意的价值观，但它们也被当作规范，并一直在作为规范起作用。它们是在人类漫长的社会生活人际互动历史中形成的被珍视的社会智慧和坚定的集体心理偏好并代代相传。制度的一个特点是对他人提出要求，特别是行为要求。一旦制度被违反，人们的感情或多或少会受到伤害。而且，价值观型制度在社会生活中普遍存在，因此涉及对每一个其他人的行为要求。这显示出它的影响范围很大，尽管实际上我们不能强迫他人遵守这些互动原则，而且在任何时候，我们确实内心希望或要求他人遵守这些互动原则。此外，价值观型制度没有明确、固定的惩罚机制。同时，它们对于后面将要介绍的构建的制度也具有根本的重要性指导。这种类型的制度与North（1994）所说的“非正式制度”不同。此外，并非所有非书面的规范都是非正式制度，因为它们仍然可以是具体的。

制度都是建立在价值观基础之上，但并非所有价值观都能成为或被视为制度。价值观可以大致分为个体/个人价值观和集体/社会价值观。然而，并非所有后一类型的价值观都作为制度直接发挥作用。制度需要一定比例的支持者。但这并不意味着某种拥有众多支持者的价值观就能成为价值观型制度。许多人可能持有相同的个人价值观，如健康比赚钱更重要。然而，这种价值观只要求自己。一个人要求任何其他人不要牺牲健康去赚钱通常是不合理的。一个随机的其他人是否牺牲健康去赚钱与他无关，这对他的互动没有影响。换言之，它没有外部性。当然，一个人要求他的家庭成员不要这样做是另一种情况。价值观型制度或多或少都会对他人提出要求。以可信性为例，尽管我们实际上无法强迫他人可信且在任何时候可信，但我们确实希望或要求他人可信。当我们遇到不可信的行为时，我们可能会产生生气、难过、失望等情绪。

（2）构建的制度

制度取决于对行为的心理要求。价值观是在心理和思想上形成的，是一种心理偏好。然而，并非所有支持价值观的制度都是价值观型制度；还有其他的心理活动和过程，如对自然的敬畏、祈祷美好事物的发生等，它们（可能是价值观，也可能不是）不能直接被视为制度，但也作为制度的基本原则。根据各种不能直接被视为制度的思想有意识地创造的制度本研究称之为构建的制度。构建的制度反映了思想中的抽象原则，但以具体的形式呈现。它们是针对具体情况、功能等构建的，并且通常有具体的应用范围。

3.3.5 关于制度的起源

人类社会的制度依赖人作为载体。制度的产生、扩散和盛行都离不开人的接受（或者至少是不排斥）以及在思想和行为上的执行。因此，一种制度的人口基础并不是其存在和流行程度的唯一标准。当然，一种制度的存在可能要求一个人口阈值，即人口中的最低数量（Elsner and Heinrich，2009；Elsner and Heinrich，2011）。但应注意的是，不同（类型）的制度可能需要不同的人口阈值。本研究认为，制度的起源至少由两个因素推动：一是对他人的行为要求；二是相对优势角色在各种互动中的可变性。

（1）对他人的行为要求

谁用行为原则来规范谁？答案在一定程度上有助于理解制度的本质和起源。根据实施主体的不同，应区分自律和他律。自律是指一个人用行为准则来指导其自己的行为，而他律是指别人（而不是自己）用行为准则来规范自己的行为。此外，根据行为准则所指向的对象，还应该区分律己和律他。律己是指行为准则仅用于指导和控制自己的行为，而律他则是指行为准则用于规范他人的行为。关于律己和律他，不同的人和不同的文化群体会呈现出不同的倾向。有些人更喜欢先约束自己的行为，而一些其他的人总是更多地要求他人。

社会中人的行为通常具有外部性，这意味着人的行为通常会影响他人[①]。本研究认为，制度起源最本质的原因可以归结为对他人的行为要求，尽管人们往往无法在事前迫使他人按照制度行事。换言之，实际上律他本质上推动了各种制度的产生。然而，需要注意的是，对他人行为的要求当然不是制度的全部，但是是制度不可或缺的核心部分。

（2）相对优势角色在各种互动中的可变性

制度之所以能够在平等互动中自发形成并被社会广泛接受，是因为在日常生活的各种互动情境中相对优势角色的可变性，或者说非固定性。更重要的是，这种可变性或非固定性是确定的、不可避免的。在平等的互动关系中，一个人不可能总是处于相对优势的地位并有利用对手的机会。因此，这种情况就导致了一个人对对手的行为要求，尤其是当他在互动中处于相对劣势的地位时，即对手不应该依靠自己的相对优势地位谋取不适当的利益。这就要求对同一个人在相对优势和相对劣势的不同地位中被予以公正的对待，以防

① 参见第3.1.1小节。

止他自己被利用。此外，互动中的对手也不是固定不变的。在最广泛的情况下，社会中的任何人甚至都有可能成为未来的潜在互动对手。这就进一步甚至对社会中的所有人有行为要求。然而，给定平等的人际关系以及互动中相对优势角色的可变性，只要求别人不要求自己的“双重标准”行为是不公平的，而且通常也不能为他人所接受。因此，一个人也不得不对合意的社会环境有所贡献，比如通过遵守某种被广泛接受的制度放弃剥削他人的机会。最后，一个原则得到足够多数量的人的支持，就可能产生一种制度。此外，这也是人们愿意遵循制度的原因之一。

3.3.6 关于制度的扩散

关于制度的扩散，本研究分两种情况讨论，一种是没有人口流动的情况，一种是有人口流动的情况。

（1）没有人口流动

给定一个相对于一项制度的最大可能影响来说足够大的人口群体，当没有远距离地理流动、交流或书信往来时，其他条件相同的情况下，人口地理分布的连续性（即人们在地理上集中，而不是通过小群体过于分散地居住，或被高山或海洋等大型天然屏障隔开，从而使人们无法在当地进行日常互动）对于一种制度的扩散和盛行是非常有利的条件，并在扩散过程中起着至关重要的作用。局部互动（包括口头交流、指导、示范等）和人口地理分布的连续性保证了一种制度在连续的短距离局部区域内从一个人向另一个人逐渐扩散。

假设有一个群体，一种制度在这个群体中产生并能够影响整个群体。图3-5分别展示了一种制度如何在人口地理分布连续和不连续的地区扩散。在图3-5a中，圈1中的人可以与圈2中的人互动，圈2中的人可以与圈3中的人互动，以此类推。以此逻辑，制度通过每个人的局部互动逐渐扩散到更大的人口范围。在最理想的情况下，如果没有任何天然屏障的阻挡，它可以一直扩散下去，直到其影响逐渐消失。相反，在图3-5b中，人口被一座大山分隔成两个子人口群体，这座山阻止了制度到达并被更多的人接受，虽然该制度仍有足够的影响力。此外，在天然屏障的两侧可能会产生不同的制度。

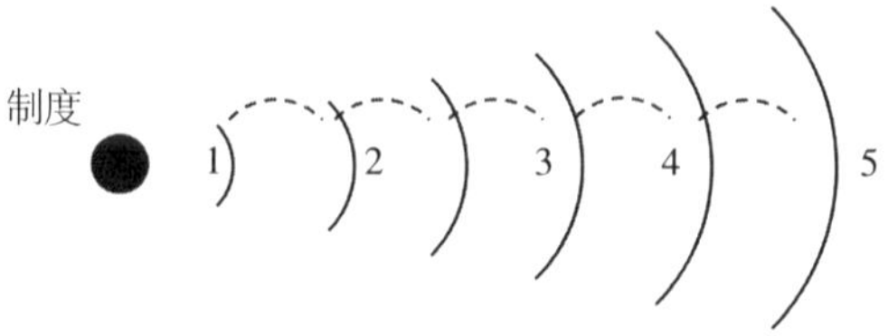

a. 人口的连续地理分布

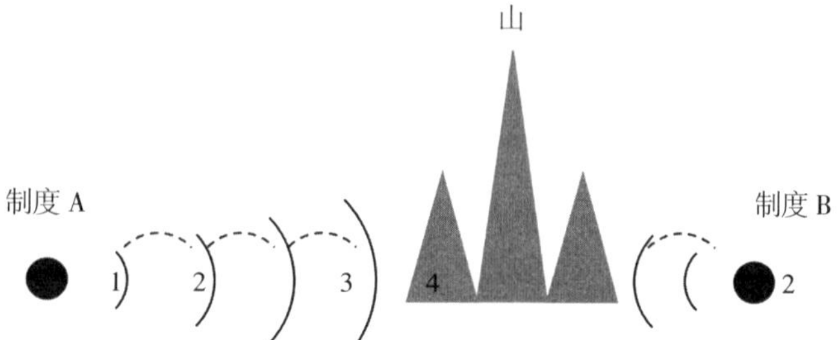

b. 人口的非连续地理分布

图3-5　制度扩散过程中人口的（非）连续地理分布

（2）有人口流动

制度也可以通过人口流动而扩散。一种制度要在流入地扩散，有两种可能的方式。一种是自然地逐渐扩散。这种方式需要流入人口达到某一特定规模（如数量和占比）才能产生影响。另一种是积极推广。这一点在流入人口规模（scale）不够大的时候至关重要，因为人毕竟具有主动性并且可以有意识、有目的地行动。对于这两种方式，流入的制度载体均应在流入地停留足够长的时间，以便制度在当地起效。

一个制度的影响强度在其影响范围内可能不同，并且制度可能有不同的变体。就像中国人吃豆腐脑，北方喜咸，南方喜甜。理解人口流动对某种制度在其影响区域内的可能后果的一个关键点就是制度在流出地和流入地之间的强度差异。给定某个制度在某个维度上存在强度差异，且人口流动发生在制度强度差异相对明显的两地之间，那么可能会产生两种后果：第一，流动人口与流入地当地人的制度差异缩小，一个群体的制度特征接近另一个群体。第二，流动人口和流入地当地人都保持各自的制度特征，互不影响。

人口流动过程中，人口携带某种制度到其他人居住的流入地，并不必然带来某种制度的（不同于代代相传的）横向扩散。假设流入人口将要带来的制度与流入地居民所携带的制度不同，并且双方所持有的制度并不是水火不容。那么，总的来说，可以分为三大类、四种具体情况：第一类，共存。在这种情况下，每个群体（即流入人口和流入地当地人）都保持自己的制度特点、互不影响。第二类，单边影响。这一类包括两种情况。一种是某种流入制度在流入地得到扩散；另一种是流入人口逐渐放弃了某种制度特征。第三类，相互影响和融合。在这种情况下，两个群体相互学习并将所学融入自己原有的制度系统中，驱动流入地制度体系演化。一般来说，第二类中的第一种情况和第三类相对有利于制度的横向扩散和演化。

从产生到扩散的空间结构而言，一个制度的流行至少可以呈现三种模式：一是单点辐射。它是指一种制度仅在一个地区产生，但逐渐从中心向邻近周边地区扩展的模式。虽然制度只在一个地方产生，但只要其影响力和辐射作用足够大，即使没有远距离的人口流动，也能在连续地理分布的人口中，基于局部的相互作用，向尽可能多的人扩展。

二是多点爆发。它是指一个制度在不同地方独立产生的模式。这也是一种制度流行的方式，即使没有人口的连续分布，没有巨大的影响力，也没有人口流动。相同或相似的制度之所以能够在不同的地方分别产生，可能是因为这些地方都面临着相同或相似的问题。这反映了这些问题都是易发生问题的事实，因而在人类社会中相当普遍。

三是人口流动带来的扩散。这种模式取决于那些携带该制度特征的、从一个有某种制度的地方迁移到另一个没有该制度的地方的人。即使在制度上游存在人口地理分布不连续，或制度没有非常强烈的影响力，制度也可以通过人口流动而流行。给定一种制度确实在流入地扩散，那么人口流动就结合了前述的两种效应。也就是说，如果只有一个流入地，它既可以在流入地逐渐扩散，也可以被带入不同的地方。这有利于制度的多点爆发和在每个地方的进一步扩散（见图3-6）。

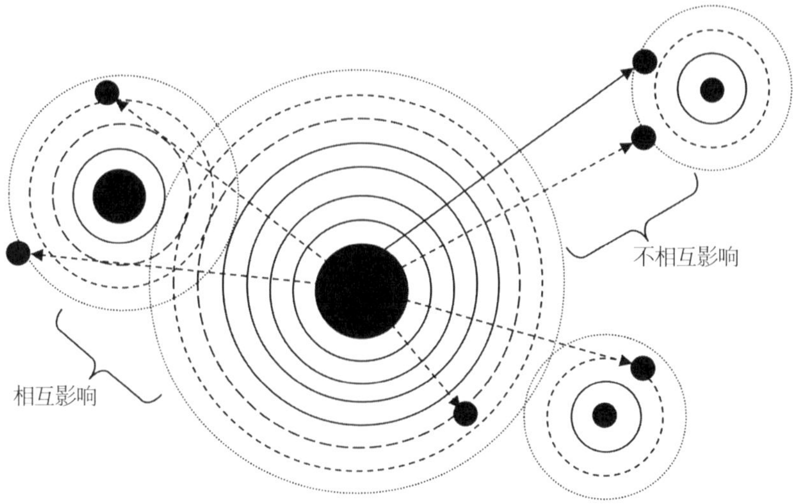

图3-6　有人口流动的制度扩散

注：每组同心圆中的实心圆代表一个制度的中心。一组同心圆代表一个制度的影响范围。同心圆越处于外层，该制度的影响力越弱。这就是为什么图中相对较外层的圆或多或少地逐渐变为虚线的原因。一组同心圆的圆越多，制度的影响力越大。两组同心圆的重叠区域越大，它们的制度在该区域内对彼此的影响就越大。箭头的方向代表人口流动的方向。箭头顶端的小实心圆代表人口流动到小实心圆所在的地方。

3.3.7 遵守制度的原因

Axelrod（1986）总结了支持规范的八种机制，分别是元规范（metanorms）、支配地位（dominance）、内化（internalization）、威慑（deterrence）、社会证明（social proof）、成员身份（membership）、法律（law）和声誉（reputation）。Posner（1997）总结了遵守社会规范的四种激励：（a）“有些规范是自我强化（self-enforcing）的”；（b）“有些规范是通过情感强化的”；（c）“规范也是通过表达不赞同、嘲笑以及极端情况下的排斥强制强化”；（d）“内化的规范是出于内疚感或羞耻感而被遵守的”[①]。Axelrod（1986）和Posner（1997）已经列举了遵守规范或更广义上的各种制度的大多数可能原因。本研究在这里补充四个遵守规范的可能原因。

第一，遵守规范在正常情况下更容易、更方便执行。规范作为行为的指导原则，是经过长期训练而培养的。在面对各种特定情况时，规范所要求的行为是脑海中的第一反应。在正常情况下，故意违反规范的人在做出错误行为之前首先意识到的是什么是正常的/道德上正确的行为。然后，他就可以以这种正确的行为为参照，设想出一种错误的方式。从这个意义上说，遵守规范避免了额外的思考过程，比如如何从违反规则中获益，具体的实施步骤是什么等。事实上，正如我们所知，通常遵守规范会带来双赢的结果，不仅利己，而且利人。因为给定特定情况下，遵守规范为每次在每种情况下考虑如何行为节省了时间。

第二，遵守规范无疑使自己始终是正确的一方，且有利于在正常情况下正式维护权益。出于这种考虑，那些遇到他人坏行为的人，除

① POSNER R A.Social norms and the law: an economic approach [J]. The American Economic Review, 1997, 87 (2).

了远离坏人之外，更愿意坚持规范上正确的原则，甚至不会实施私人处罚或报复（如“针锋相对（tit-for-tat）”）。这样，即使在面对舆论或诉诸法律时，他们依然是道德上正确的且得到支持的一方。相反，违反规范的那些人则会在道德上得不到支持，受到法律制裁，或承受来自舆论的压力。

第三，遵守规范也意味着交换他人遵守规范行为。一个人遵守规范，表明他关心他人（比如与他互动的人）利益的诚意，期望他人出于公平和互惠的原则和善意，以同样的方式对待他。

第四，互动中相对有利角色的可变性促使人们遵守规范。这一点已在第3.3.5小节中阐释。

•关于声誉的探讨

前文提到，Axelrod（1986）认为，声誉是支持规范的机制之一。声誉既是遵守制度的理由，也是建立和维持人际信任的理由。假设拥有某种声誉的主体和信任的主体是不同的，即讨论的是某人或某物的声誉对其未来互动的影响以及其他人对其信任的影响。一般来说，遵守制度会带来相应方面的良好声誉，也会在接受制度的相应人群中带来良好声誉。良好声誉还会带来更多有益和有利的互动机会。因此，建立和维持良好声誉是在某种制度要求范围内约束自己行为的重要原因之一。良好的声誉代表着某一方面的可信性。换言之，可信是正面声誉。毫无疑问，好的声誉有利于信任关系的建立和维持，而坏的声誉则相反，因为人们甚至不愿意与某些方面声誉欠佳的人互动，尤其是在人们可以选择互动伙伴的情况下。

本研究始终强调有关可信性的信息对信任的影响。事实上，声誉正是通过信息机制发挥作用。换言之，声誉（无论好坏）是在信息传播过程中形成的，面对的信息量、立场等不同，每个人的判断不一定完全相同。因此，理解声誉得益于理解信息。对于不同的声誉传播方式，声誉链的长度和辐射范围也不同。具体来说，口口相传的声誉辐射范围较小，声誉链较长；而媒体传播的声誉辐射范围更大，声誉链较短。这是因为声誉链的长度和声誉扩散第一个环节的辐射范围在一定程度上是相互替代的。从这个意义上说，媒体传播声誉在很大程度上扁平化了声誉传播。

声誉是在声誉拥有者和声誉传播者的影响下形成的。图3-7展示了声誉的形成过程，图3-8展示了除声誉拥有者之外的声誉扩散者。声誉拥有者既可以依靠扩散者（声誉拥有者除外）来传播声誉，也可以通过某种方式主动进行自我宣传或自我营销来建立某方面的声誉，如作为一种承诺或信号。自我宣传/自我营销通常在意图巩固直接互动者的规模并吸引或至少不吓跑那些从未与声誉拥有者互动的人时被采纳。在某种声誉的形成过程中，传播的内容可能忠实于事实，也可能歪曲事实。声誉的形成最初依赖于直接互动者作为声誉传播的初始主力。然而，声誉的影响涉及潜在的以及新的、深度互动者和非互动者，而不仅仅是直接的和长期的互动者。这正是声誉的重要性所在。

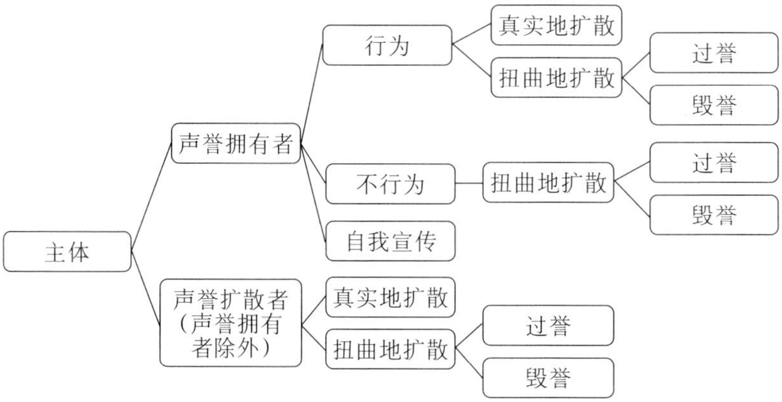

图3-7 声誉的形成[①]

① 图3-7中的“行为”和“不行为”均为动词含义，而不是名词，指的是去做和不去做。

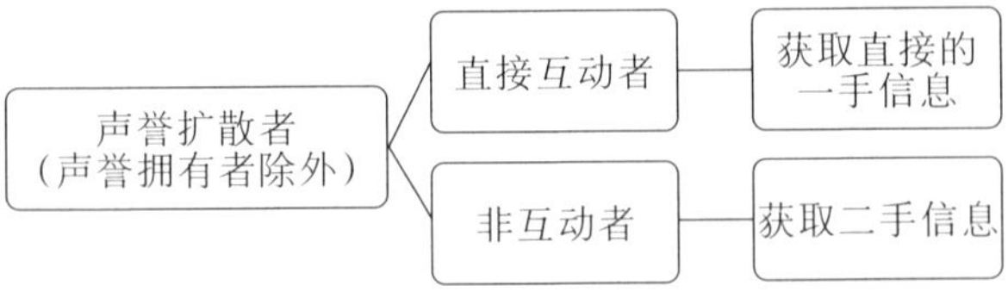

图 3-8　声誉扩散者

3.3.8　作为制度的可信性与制度化的信任

Mayer、Davis 和 Schoorman（1995）总结了来自不同学者的信任的前因因素（antecedent factors），并强调了感知和评价被信任方可信性的三个主要特征（或三个因素），即能力（ability）、仁慈（benevolence）和正直（integrity）。可以发现，可信性实际上有着厚重的制度基础，既有正式制度，也有非正式制度，尤其是非正式制度。一个人的可信性在很大程度上反映了指导思维和实际行为方式的某种行为准则的固化程度。信任方和被信任方的价值观是否一致在评价可信性时非常重要。例如，如果被信任方遵循普遍认可的价值观（如公平），就会对信任方的可信性感知产生很大影响。当然，正如其他抽象的价值观和人类情感所面临的情况一样，不同的人对公平的评价也不尽相同。站在不同的立场，对公平的要求也会有所不同。这实际上是一个复杂的协调问题。然而，许多这样的具体情况确实存在：人们发现，在某一特定事件中，对涉及的各方做出相同或相似的公平判断，或者让其他各方对涉及的各方做出公平判断，并不是一件非常困难的事情。

既然信任如此重要，那么信任的基础是什么呢？毕竟，无条件的信任是罕见的，信任需要有所依托。作为信任的对应面，可信性起着重要的支撑作用。信任和可信性是相对的。我们可能会发现，支撑信任的真正源泉来自支持可信性的机制。

支持可信性的机制大致可分为内部机制和外部机制。当人类个体能够将自己约束在可信中时，表明他认可人应该可信这一观点；当一个人从其价值观的角度认可人类应该可信时，他就会倾向于行为可信。

可以说，可信性与诚实等一样，是一种非正式制度。在价值观层面，可信性获得了普遍的社会认可。证据之一是，人们通常对那些比如总是欺骗、不遵守诺言、对工作没有认真负责的态度等的人感到反感，因为这些都是不可信的表现。这里应该指出的是，没有人会在所有情况下都是可信的。一个人是否是可信之人是一种定性评价。同时，这样的观点是被接受的：一般来说，每个人都有选择做什么和不做什么的自由裁量权，这没有必要影响他从其互动伙伴那里收到的人格评价。此外，人性的复杂性也不允许人们做出非此即彼的好坏评价。

如果说制度是思想和行为习惯（Veblen，2005）[①]，那么制度化的信任（institutionalized trust）则使信任从思想和行为两方面成为一种蕴含信任倾向的习惯。除了与生俱来的信任倾向（如果存在的话），制度化的信任还可以通过可信来增强，而可信本质上是一种非正式制度，并且通常通过正式制度来强化。在一个可信被高度执行的社会里，信任也会相应地被实施，因为一个人没有理由在一个可信的、有序运行的社会环境中不去信任。随着时间的推移和可信性频率的稳定，个人的信任也会变得稳定，因为就他目前的信任而言，没有任何额外的风险，或者他甚至没有察觉或预测到任何他无法容忍的风险。此外，他还会将信任融入自己的习惯中，或者换言之，他会习惯于信任。这可以说信任对于他是制度化了的。

强调信任而不强调可信性保障，或者强调信任而不强调其因可信性的变化或不同而变化，实际上是忽视了人的信息处理和社会学习能

① VEBLEN T. The theory of the leisure class：an economic study of institutions［M］. Delhi：Aakar Books，2005：143-144.

力以及人的适应性本质。更重要的是，给定无条件信任的突出作用，并同时强调信任根据可信性的信息或信号的可变性，将在很大程度上导致逻辑矛盾。

因此，制度化的信任绝不是简单的单方面信任，它包含信任和可信性两个方面，并且有着深刻的制度（特别是非正式制度）基础和信任与可信性的互动基础。因此，为了维持高水平的信任，个人作为信任和可信性的行为主体的载体，在参与同一互动时应该相互信任。

这里还需要指出的是，信任不仅是一种被动反应，同时也是一种主动激励。类似地，作为信任的一个相对方面，可信性也不仅仅是一种刺激，它同时也是一种反应。具体的顺序取决于信任和可信性中哪一个需要先行者，或者它们几乎同时发生。例如，当一个人需要事先信任时，他或许在头脑中深知信任能够引起可靠的反应。

大多数情况下，自愿实施的制度总是要求在一个人的价值观中的认可，以及它们在一个人行为上的几乎相应的反映。相比之下，相对非自愿实施的制度可能只约束行为，不很强调行为主体在价值观层面的认可。因此，非正式制度在多大程度上被内化，很大程度上取决于相关价值观在多大程度上内在地被认可，以及一个人在多大程度上愿意自愿实施该制度并让该制度控制自己的行为。

3.4 三个网络：制度网络、因果关系网络和信息网络

3.4.1 制度网络

制度网络是以各种制度为节点，以制度之间的关系为边的网络。理解制度网络的关键在于制度如何相互联系，因为制度网络上的节点

是非常直观的。

制度的产生得益于心理因素的支持。正如前面所分析的，支撑构建的制度的心理因素大致可以分为两种，一种同时也是制度的价值观，另一种是支撑构建型制度但本身并不是制度的心理因素。此外，价值观型制度和构建型制度共同构成了制度层面。因此，制度层面有两种典型的连接方式，一种是价值观型制度与构建的制度之间的连接，另一种是构建型制度之间的连接[①]。价值观型制度与构建的制度之间通过各种价值观进行连接。以公平与法律为例。公平一直被视为一种重要的价值取向，也是一种生活准则。而根据本研究的分类，法律属于构建的制度，且正常在公平原则的基础上建立。在这种情况下，公平作为一种抽象的价值，将自身作为一种价值观型制度与作为构建的制度的法律联系在一起。构建的制度通过在生活中其约束的范围而联系在一起。例如，股票发行和交易的条例与期货交易的条例相连，因为股票和期货都是金融产品，关于股票和期货交易的条例都是金融领域的条例。此外，涉及股票、债券等的证券法与公司法也有联系，因为它们都属于更大范畴的经济领域的法律。

图3-9展示了一个制度网络及其支持心理因素。需要注意的是，心理层面的因素与构建的制度之间的联系以及构建的制度之间的联系具有不同的形成机制。心理层面的因素与构建的制度之间的联系具有因果性质。这意味着，心理层面的因素在先，始于心理层面的因素的因果关系排第二，并且随之发生的构建的制度排第三。相比之下，构建的制度之间的联系具有平等的性质。这意味着，给定两个构建的制度，如果它们指向的对象是相关的，那么它们之间就存在连接。

① 请注意，这里不考虑价值观类型制度之间可能存在的关系（如果存在的话）。

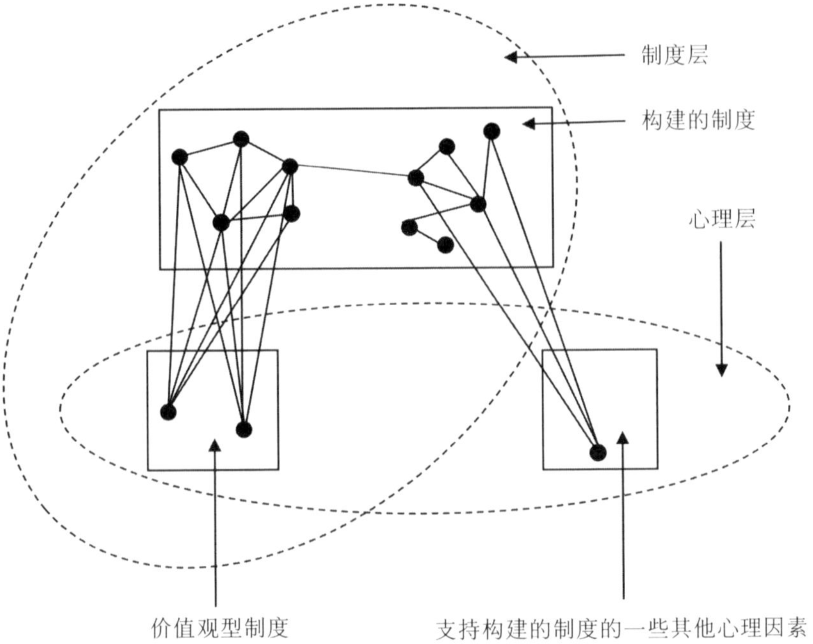

图 3-9　制度网络及其支持心理因素

与强调制度之间的连边的制度网络不同，理解制度网络演化的关键在于制度网络中节点（即制度）的产生、变化和消失。对于价值观型制度，其产生、变化和消失取决于它们作为价值观自身。然而，这并不意味着价值观可以无缘无故地发生变化。它们的变化也需要外部信息的刺激。

相比之下，对于构建的制度，有两类演化的驱动因素。一种是支持构建的制度的心理因素（包括那些可以直接被视为制度的价值观以及支撑制度的其他心理因素）的变化。当这些心理因素发生实质性变化时，就会与现存的、基于之前价值观构建的制度产生矛盾。如果矛盾所引发的不合意影响足够大，其背后的（underlying）心理因素的变化就会推动基于之前心理因素所构建的制度做出相应的调整和改变。另一种是来自现实的变化，给定支撑构建的制度的心理因素并没有明显的变化。比如，随着互联网的兴起和蓬勃发展，不仅颁布了专门针对互联网的法律，作为构建的制度的其他法律也做出了相应的调整以适应新的现实。

然而，暂时有效的方法是不完善、不全面的，并且新的问题仍有可能发生。这就进一步要求有更多的问题解决方法，并且制度网络也会变得更加密集。

3.4.2 因果关系网络

社会现象复杂的原因之一在于因果关系。各种可能无穷无尽的因素通过错综复杂的因果关系网络发挥作用。在这个错综复杂的因果关系网络中，一个因素可能是被考虑的因果关系链上的原因，也可能是中介/桥梁因素，或者可能是结果。具体扮演哪种角色，取决于正在研究的是复杂因果关系网络中的哪个部分以及哪个方向。单一因素的变化可能由多于一个相对直接的因素引起，也可能产生多于一个相对直接的结果。需要注意的是，给定客观的因果关系网络，一个人考虑得越精细，在其脑海中呈现的网络就越复杂，因为有更多考虑的因素作为节点，且有更多的随之而来的相应因果关系作为边。此外，作为复杂网络的一种特殊形式，复杂的因果关系网络也可以是多层次的。例如，微观层面的因素可以产生宏观层面的结果。当然，根据不同的目的，还可以有更细的分类。这种多层次属性无疑也使得因果关系网络更加复杂。

现在我们来考虑一下复杂因果网络中两个因素可能的因果关系类型。假设因果网络中的A和B之间有一个因果段，并且基本上把A作为起因，B作为结果。那么，从A到B可以是直接因果关系，也可以是间接因果关系；可以是单向因果关系，也可以是双向因果关系。其中，“间接”是指在A和B之间至少有一个中间因素。需要注意的是，在因果关系网络中，“直接”或“间接”不一定是绝对的；一个先前潜在的因素是其他两个具有因果关系的因素之间的桥梁是有可能的。因此，A和B之间的因果关系有四种情况：单向直接因果关系、单向间接因果关系、双向直接因果关系和双向间接因果关系（见表3-2和图3-10）。注意，在因果关系网络上，社会环境中从A到B的路径可能不止一条，从B到A的路径也可能不止一条（如果逆向路径存在）。

表3-2　　**两个因素间的因果关系类型**

	直接的	间接的
单向的	单向直接因果	单向间接因果
双向的	双向直接因果	双向间接因果

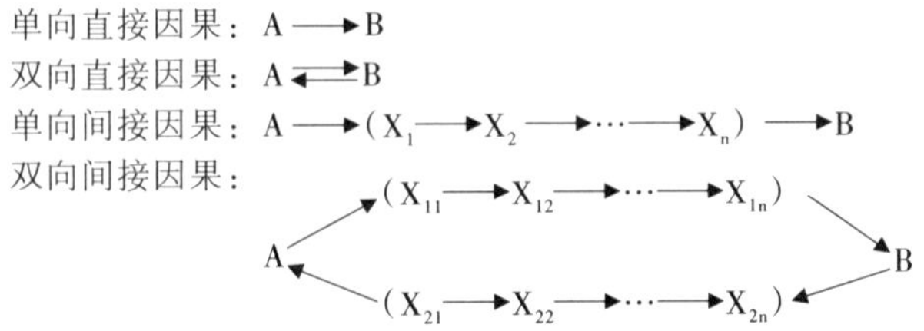

图3-10　两个因素间的因果关系类型

注：在双向间接因果关系中，一些（或全部）上层因素（X_{11}，…，X_{1n}）和下层因素（X_{21}，…，X_{2n}）相同是有可能的。

现在，让我们来仔细研究一下复杂因果关系网络中的信任。如果把信任作为一段因果链条上的一个心理结果来考察，信任肯定不是由一个具体的直接原因引起的；相反，它可能受到许多不同因素的直接影响，虽然影响信任的因素可以统一称为“关于他人可信性的信息”。正是关于他人可信性的各种外部信息的多变性，使得一个人知道信任是什么并导致他的信任在心理层面发生变化。比如，当别人不公平地对待你时，你会不信任；当别人不信守承诺时，你会不信任；当别人说假话时，你会不信任；当别人与你意见有重大分歧时，你会不信任等。这些都是人们从个人角度出发感知他人可信性的具体原因。

同样，信任作为一种原因，也可以产生不止一种具体的、相对直接的后果，这种后果我们可以统一地从个人角度将其称为“互动意愿”。例如，从个人视角，一个人对某种产品的不信任很可能会在其他条件相同的情况下降低他的购买意愿[①]；一个人对政治制度的投票过程的不信任也可能在其他条件相同的情况下降低他的投票意愿等。此外，给定一个受信任影响的具体最终因素和一个中间因素，可能同时存在信任对最终因素的直接影响和通过中间因素的间接影响。以经济增长和消费为例。一般信任可能绕过消费直接影响经济增长，同时也可能通过影响消费间接影响经济增长。此外，受信任影响的因素也可能影响信任。例如，一般信任会影响经济，而经济也会以某种方式影响一般信任。因此，难以确定哪条具体的因果路径占主导地位，因为所有路径都在共同发挥作用。

信任也可以在具体的因果连接中发挥中间作用。在这种情况下，需要更深层次的原因，换言之，需要更长的因果连接用于解释。因此，影响信任的因素也应纳入解释当中。回顾一下本研究一直强调的内容，关于他人可信性的各种外部信息是一个人信任变化的基础，而信任随后又会通过其他因素影响宏观社会经济表现。

总之，复杂的因果关系是现实世界复杂性的重要体现，虽然不可能穷尽复杂的因果关系网络，但这一点应该引起注意。因果关系无疑是人类认识世界的永恒主题。

---

① 关于信任在经济交易中的影响见第3.5节。

3.4.3 个人信息网络

个人信息网络是指由个人获取信息的渠道构成的网络。在个人信息网络中，应区分两类节点：一类是包括个人在内的非媒体型节点；另一类是媒体型节点。连边代表信息流的存在。获取信息的渠道可分为三类：一是人际互动；二是广义的直接观察（这里包括口头传递的信息）；三是通过媒体间接获取的信息。

当没有空间流动时，除了媒体工作人员的空间流动，个人只能通过媒体获取其他地区的信息。当存在空间流动时，从一个地方到另一个地方的人们不仅可以直接获取他们当前所在地区的信息，还可以作为信息源向新地区的人们传递他们先前所在地区的信息。

图3-11展示了一个没有个人空间流动的个人信息网络，图3-12展示了一个有个人空间流动的信息网络。两图中，椭圆表示局部区域，四边形表示媒体，实线箭头和实线直线表示信息流，黑色、灰色和白色填充的圆圈分别表示一个作为示例的人、他能与之互动（因此也能直接观察、接受教导等）的人和他只能直接观察（这意味着他不能与之互动）的人，虚线圆圈表示他甚至几乎观察不到的局部区域内的其他人，虚线箭头表示示例人从一个局部区域到另一个局部区域的空间流动。这里假设，一个地方的人从未去过另一个地方，并且只有一个人有空间流动，那么他就无法直接获取另一个地方的信息。在图3-11中，示例人停留在他所在的本地区域时，他可以从其周围的人和媒体（全局或本地媒体）获取信息。在图3-12中，当他从所在的区域移动到另一个地方时，他不仅可以从所在新区域的人和当地媒体以及全局媒体那里获取信息，也可以从他以前所在区域的人或当地媒体那里获取信息。

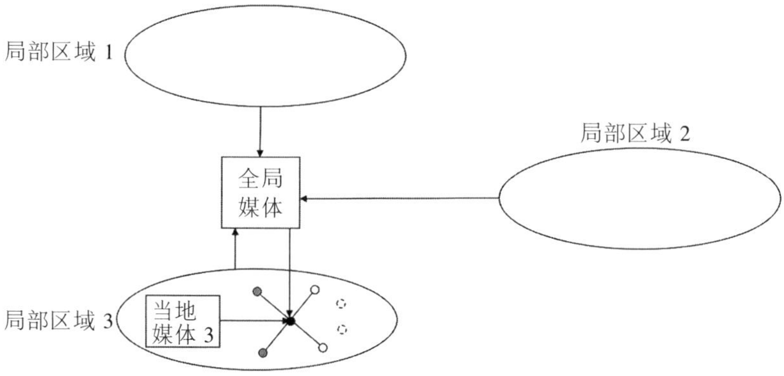

图 3-11　没有空间流动的个人信息网络

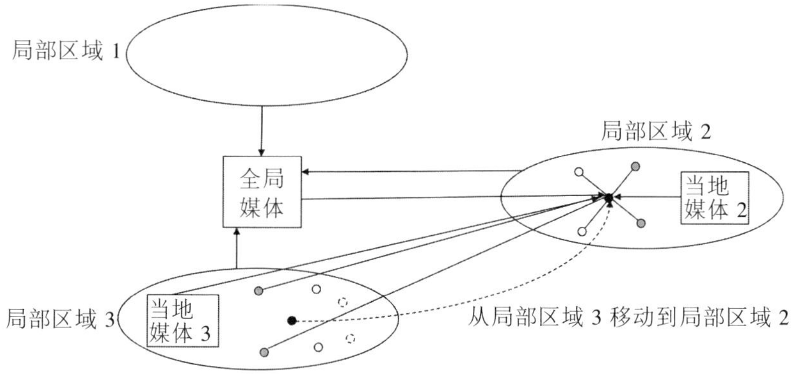

图 3-12　有空间流动的个人信息网络

此外，直接个人信息来源既可以是临时的，也可以是长期的①。例如，如果一个人从一个只见过一次面且以后也几乎不会再见面的人那里获取信息，那么这个人对他来说就是一个临时的直接信息源；相反，如果他总是通过收看某个已经播出并将长期播出的新闻节目来获取信息，那么这个节目就是他的长期直接信息源。

3.4.4　三个网络中的信任

实际上，关于信任与三个网络之间关系的基本思想和许多细节已

① 信息类型见第 3.1.2 小节。

在前文进行了有意识的阐述。正常情况下，信任在本质上以可信性为基础。在进一步阐述之前，需要指出的是，常被提及的可信性的两个“身份”：一个是制度，另一个是个人品质。

可信性本身是一种制度，并且因此存在于制度网络中。人们一般对他人的可信性有要求。它已经超越了纯粹的个人偏好，并成为了一种社会规范、一种制度。根据前述制度的分类，可信性是一种价值观型制度，并为许多构建的制度提供基础和指导原则。例如，许多法律条文都是为了保障相应事件涉及的人的可信性，事先避免或惩罚失信行为。因此，人们对他人可信性的要求反映在各种制度对可信性的要求上。在制度网络中，给定可信总是合意的，不仅直接违背作为价值观型制度的可信性本身会导致心理上的不信任感，还违背其他价值观型制度和以可信性为基础构建的制度最终也会导致心理上的不信任感。相反，遵守制度能够产生信任。直接违背可信性体现在构建的制度没有涵盖的且可以由所涉及的人自己做出判断的各种具体情况上。总之，打破制度会导致不信任。

反映他人可信性的信息通过上述个人信息网络中的各种信息渠道到达个人。这些信息最终会在心理层起作用。人们倾向于相信那些他们认为可信的人，或者至少不相信那些他们认为不可信的人。人们会根据对他人可信性的感知采取不同的行动。如前所述，导致（不）信任的具体原因有很多，而（不）信任也会导致不同的具体行为或后果。个人行为（包括无行为）作为包含行动者自身信任态度和可信性的信息进一步传递。这些都存在于因果关系网络中。因此，信任既可以是因，也可以是果。然而，非常值得注意的一点是，那些恰好是（不）信任者特征的因素并不能成为（不）信任的起因。试想一个歧视高个子的社会，高个子的人因为身高而受到歧视，变得不信任他人。那么，作为不公平待遇的歧视才是不信任的真正原因，而不是身高。在这种情况下，将身高视为不信任的原因甚至是荒谬的。图3-13展示了三个网络中的信任。

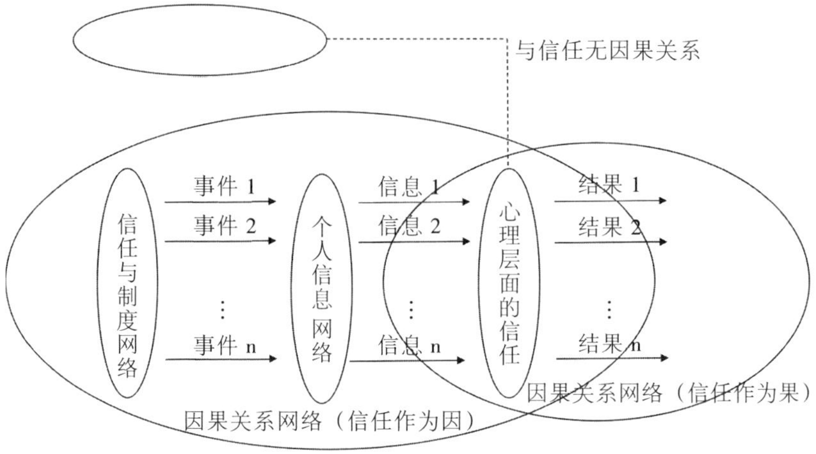

图3-13　信任与制度网络、个人信息网络和因果关系网络

3.5　（不）信任与经济交易

事实上，正如我们所能感受到的，也正如本书通篇所提到的，信任对广义社会生活的方方面面（如经济生活、政治生活、狭义的社会生活等）有着不可忽视的影响。人类生活的其他形式都可以被视为社会生活的一部分，因为它们都是人类社会中的具体生活。（不）信任对经济生活以及随之而来的整个经济运行的影响之一在于经济交易。这将在下文中重点讨论。

我们知道，“经济”一词最早是由古希腊历史学家Xenophon使用的，他将其赋予了家庭管理（household management）的含义。在现代社会，经济主要体现在社会分工、以交易为目的的生产以及交易本身。大规模劳动力分工要求购买（即交换），而不是为自用生产，因为时间和精力的制约，一个人不可能掌握所有的知识和技能来生产现代生活中其所需要和渴望的一切（当然，不仅需求可以创造供给，供给也可以创造需求）。此外，在现代市场经济中，分工越来越细。其他条件相同的情况下，必然导致经济交易的增加。本章之前已经谈到了个人信任对人际互动的影响，而经济交易就是人际互动的一种类型。然而，虽然信任对经济交易的影响可以从一般互动中获得，但它并不是针对经济领域的。下文将具体阐述信任对经济交易的影响。注意下面的讨论均基于这样一个假设：（不）信任是由感知到的他人的（不）可信性所引起。例如，一般（不）信任是由感知到的一般（不）可信性所引起；某些特定（不）信任是由感知到的某些特定（不）可信性所引起。换言之，（不）信任基本上是有定性基础的，以（不）可信性为基础。当然，感知到的（不）可信性可能与实际的（不）可信性不同。

经济繁荣在相当程度上体现为经济交易的繁荣。比如，许多人从事交易活动，商品种类丰富，交易次数多等。在商品经济中，其他条件相同的情况下，诚实和可信是维系交换的基本和基础原则。只有感知到供给者的诚实和可信，或者至少没有感知到供给者的不诚实或不可信，需求方才能总是信任。总之，建立在诚实和可信基础上的信任便利了经济交换。正如Arrow（1974）[①]所说，“信任具有非常重要的实用价值（pragmatic value）……信任是社会系统的重要润滑剂。它的效率极高；合理地依赖他人的话语可以省去很多麻烦”。如果没有供给者的可信性和需求者基于可信性的信任，产品和服务就无法成功、顺利售卖出去（排除消费者不可信的情况，比如用假币付款）。然而，经济交易中的不可信行为，如商品或服务的供给者为了短期利益，不提供质量优良的商品和服务，导致商品和服务达不到应有的使

① ARROW K J.The limits of organization［M］. New York：Norton，1974：23.

用价值或标准，违反公平交易原则，甚至可能威胁到消费者的身体健康和生命安全。这使消费者感知到恶意，并产生不信任。Marx（2011）[①]指出："价值从商品的躯体飞跃到黄金的躯体，正如我在其他地方所说的那样，是商品的致命一击。如果它落空了，那么，虽然商品本身没有受到伤害，但它的所有者却受到了伤害。"[②]因此，基于可信性的人际信任是经济长期繁荣的基础。从商品和服务的消费者视角，尤其是从最终商品和服务的个人消费者的角度，本书归纳总结了信任危机对交易影响的7个方面[③]。这7个方面可能相互关联，甚至密不可分。事实上，一言以蔽之，不信任在很大程度上导致了交易衰退至消费者个人的自我供给，或导致了实质上向更少的供应者集中。

① 压缩效应

不信任会导致交易意愿下降，这表现为不被信任的商品和服务的交易频率下降。例如，如果某人知道（半）成品面条的加工过程不卫生，他就会减少对其的消费；如果某人知道一些不易保存的水果被喷洒了一些有害化学物质以保持新鲜，他就会减少对其的消费；如果某人知道通常餐馆的烹饪过程不卫生、食材不新鲜，他就会尽量减少去餐馆就餐。值得注意的是，经济交易的压缩效应实际上可能与稍后介绍的替代效应中的垂直替代和交叉替代分不开。

② 替代效应

经济交易的替代效应本质上是交易转移，意味着交易对象从一种商品或服务变为另一种商品或服务。不信任导致的经济交易的替代效

① MARX K. Capital, volume one: a critique of political economy [M]. New York: Dover Publications, Inc., 2011: 119. 另外，该书最初出版于1867年。

② 原文如下："The leap taken by value from the body of the commodity, into the body of the gold, is, as I have elsewhere called it, the salto mortale of the commodity. If it falls short, then, although the commodity itself is not harmed, its owner decidedly is".

③ 当然，即使不是最终商品和服务，也可能涉及这些方面。

应可分为横向替代、纵向替代和交叉替代。

横向替代是指从一种商品或服务的消费转向同一消费环节上的另一种商品或服务的消费。例如，草莓和苹果都可以直接食用。假设只有这两种水果。一个消费者起初想买一些草莓。但据说草莓商贩为了让草莓保鲜更久，会对其使用对人体有害的化学物质，而且这种行为很普遍。相比之下，苹果却没有类似的负面信息。那么，消费者可能会对消费草莓产生疑虑，并且减少对其的消费而转向对苹果消费。

纵向替代是指消费者从消费某种商品或服务转向消费其他商品，从而个人最终消费者可以利用这些商品来自行制作他们想要的东西。这种替代类似于供应链上的上下游关系。纵向替代会导致未来一系列交易的减少，这也是不信任的个体消费者试图达到的结果。例如，一个人因为成品面条的加工过程可能不卫生，他购买了一台小型家用面条机来在家制作面条，而不是购买成品面条。

交叉替代是指从某种商品或服务的消费转向其他商品或服务的消费，个人消费者最终可以利用它们对以前想要的东西自己进行横向替代。例如，一个人起初想吃面条，但最后却买了一台小型家用包子机（如果有的话）来代替购买成品面条。

经济交易的替代效应可能导致被替代的商品或服务的减少，但可能在一定程度上导致替代品的增加。其中，后两者，即纵向替代和交叉替代，都是内部化交易的手段。需要注意的是，替代效应的前提条件是替代品在某种意义上是被信任的。

③ 品牌依赖效应

一般不信任（general distrust）会导致消费向品牌产品集中。这种效应基于这样一种信念，即拥有已建立品牌的企业为了自身建立的信誉和长远利益，会提供并继续提供好的商品和服务。因此，在个人经济条件允许的情况下，消费者会选择品牌产品，以避免遭遇不可信的交易。当然，选择品牌产品并不意味着其他非品牌产品一定是劣质的，虽然品牌产品在某种意义上被消费者认为是更好的。然而，如果是因为一般不信任而转向品牌产品，则是另一种性质的情况。因此，不信任是消费者集中购买品牌产品的一个原因，但不是唯一原因。这与品牌忠诚度不同。然而，如果之前被信任的品牌产品也曝出丑闻，那么该品牌产品所属的整个行业都可能会变得声名狼藉。

④ 搜索效应

搜索效应意味着消费者会在购买前花费时间、精力甚至金钱搜寻可信的卖家，以购买到质量和使用价值正常的商品或服务。当卖家普遍不可信时，随机选择一个卖家在很大程度上并不能保证遇到一个可信的卖家。因此，搜索哪一个卖家可以被信任的证据就变得必要。在遇到一个可信的卖家后，消费者很可能会用特殊信任取代一般信任。从这个意义上说，前述品牌依赖效应在某种程度上可以说是一种节省时间的搜索效应。

⑤ “专家”效应

“专家”效应主要体现在两个方面：一是自己成为“专家”；二是求助于真正的专家。其中，第一种情况在这里具有特殊的意义和重要性。“自己成为‘专家’”是指自己积累相应的知识，以便在众多商品和服务中找到质量上乘的商品或服务。“自己成为‘专家’”有两种情况：一种是积累自己动手制作某东西的相应知识；另一种是为直接购买，积累相应的辨别真假或好坏的知识。当人们知道经济交易中存在着许多不可信的行为时，就会有意识地学习各种相对专业的知识，以便通过更充分的知识和信息，减少在经济交易中遇到不可信行为的可能性，并相应增加遇到可信行为的可能性。因此，“专家”效应的本质就是增加与相应产品和服务本身相关的知识和信息。

⑥ 自备效应

自备效应主要体现在费率无法进一步分离的被交易的服务中，是指消费者出于不信任，宁愿用自己的东西来替换（替换效应）或辅助（辅助效应）整套服务的一部分。以入住酒店为例，如果人们从新闻报道等渠道了解到，一些酒店，即使是高星级酒店，也不能保证为每位顾客更换干净的床单、被套和枕套，他们就可能会自己采取一些措施，如自带床单等。如果人们知道有些顾客会用酒店为每个房间提供的水壶做一些令人作呕的事情，如在水壶里面煮内衣或小便，他们宁愿自己拿一个水壶，也许是一个可折叠的水壶。如果人们知道酒店甚至不为每位顾客对每个房间的浴缸进行消毒，给定他们确实想在酒店使用浴缸而不是淋浴，他们可能会带一些专门用于浴缸的一次性塑料套。其中，前两个例子属于替换效应，第三个例子属于辅助效应。自备效应可能带来新的交易，也可能不会带来新的交易。跟随刚刚提到的三个例子。如果酒店顾客所使用的床单等不是专门为入住酒店而购买的，那么自供效应就不会带来新的交易。相比之下，如果可折叠的水壶或塑料套是专门为旅行和住酒店而购买，则会带来新的交易。但不管怎样，不信任的确为消费者带来麻烦。

⑦ 错配效应

错配效应通常也与费率无法进一步分离的交易服务有关，是指消费者出于不信任，宁可尽可能少地使用整套服务，即使有需要的时候。这就造成了为服务支付的费用与实际能够使用的服务不匹配。还是以入住酒店为例。正如我们所知，酒店通常会为每个房间配备一个水壶。住一晚酒店房间的价格包含了水壶的使用费，酒店不会为任何不在房间里使用水壶的人降低费率，因为费率是不能进一步分离的。然而，顾客可能会决定不使用水壶来烧水喝，尽管他需要这样做，因为他可能担心之前的其他顾客也许会用水壶做一些令人作呕的事情，正如可以从新闻中了解到的，错配效应类似于压缩效应，它们之间的区别在于，前者是在一次不可分割的交易中进行压缩，而后者则是压缩交易的频率。

3.6 本章小结

本章在现实的社会经济环境中系统地考虑了信任。在现实的社会经济环境中，许多因素，如信息、社会学习、人际关系网络、地理流动、制度等，通过某种方式对信任产生作用，支撑着信任的变化以及信任与可信性的共同演化，并进一步反映在相应的经济表现上。

随后，本章对信息、社会学习、人际关系网络、地理流动和制度给予了关注。这些都是推动信任机制发挥作用、支撑信任与可信性变化和共同演化的本质的、决定性的因素。一个人的行为传递着他的信任和可信性的信息。行为可以是单独的，也可以是互动的；可以是基于内化的，也可以是缺乏内化的。互动行为比单独行为更容易传递行为人可信性的信息。单独行为是否会呈现可信性，在于其外部性以及外部性的程度。此外，区分内化型行为和缺乏内化型行为的关键在于一个人价值观与行为的一致性。反映其他人可信性的信息对一个人的信任至关重要。信息可分为单独行为信息或互动行为信息、个人互动信息或非个人互动信息、个人特定的信息或现象特定的信息、自然人信息或媒体信息、个人互动信息或观察信息以及直接信息或间接信息。社会学习是获得思想和行为（包括信任和可信性）的重要渠道。社会学习有直接学习和间接学习之分，有正向学习和反向学习之分，有同立场学习和反立场学习之分，有主动学习和被动学习之分，可以来自父母、邻居甚至陌生人。即时互动网络、临时互动、观察、口头传递信息、书面记录等都可以成为社会学习的渠道。较短的距离——

地理的、社会的或心理的会便利互动。参与同一个互动平台也是如此。互动平台可以基于地理位置、组织、社会角色、事件、技术或时代而形成。除了节点和边之外，流量也应被视为网络的基本要素。微观个体产生宏观现象，可能经历四个步骤，即禀赋/网络过程、微观效应、综合过程以及宏观呈现。现实中，宏观网络现象之所以丰富且在不断变化在于异质性的推动。网络的异质性可以体现在节点、连边、流、博弈类型/结构、互动平台和网络结构等方面。地理流动改变了个人的局部互动网络，并具有时间和距离维度。三种信任的下降可能由地理流动引起：不同的背景心态、不同的立场以及大量人口和为不信任行为创造条件的高流动性的并存。此外，地理流动还可能伴随着社会流动。

其他人不遵守制度是导致一个人不信任的一个不可忽视的原因。首先，建立制度可以出于问题解决、问题避免、影响/问题控制和责任追究。这是以制度目的的视角，且对于信任重建具有重要的现实重要性。问题通常是制度的首要目标，这就要求问题的显现。以问题为中心的制度可能产生在问题的不同深度。此外，制度还可分为价值观型制度和构建的制度。可信性本身就是一种价值观型制度。就制度的起源而言，对他人行为的要求以及在各种互动中相对有利角色的可变性起着重要作用。就制度的扩散而言，人口的连续地理分布和人口流动有利于制度的扩散。一种制度从产生到扩散以及流行至少呈现出三种特殊的结构模式，即单点辐射、多点爆发和借助人口流动而扩散。除了 Axelrod（1986）和 Posner（1997）所强调的原因外，人们遵守制度还可能是因为遵守制度更容易、更方便，使自己在正常情况下成为正确的一方，暗含对他人遵守制度行为的交换，或者是受激励于各种互动中相对有利角色的可变性。在所有原因中，声誉因其对信息过程的强烈依赖性脱颖而出。可以说，信任及其变化位于一个由制度网络、因果关系网络和个人信息网络构成的相互交织的系统中。

经济交易是人际互动的一种特殊形式。在经济交易中，个人（不）信任可能导致一系列效应，信任通过这些效应影响经济。这些效应分别是压缩效应、替代效应、品牌依赖效应、搜索效应、“专家”效应、自备效应和错配效应。其中，替代效应可以是横向的、纵向的或交叉的。

4

信任与经济表现：基于Agent-Based建模的复杂网络上信息驱动的社会经济机制

4.1 引言

信任几乎渗透社会与经济生活的方方面面。它典型地作用于人类个体，并反映在他们的社会与经济互动当中。从个人视角来看，不同的个人经历（包括直接互动经历和观察经历）可能会驱动个人产生不同的信任。同时，即使是同样的信任影响事件，个体多样化的特点也会导致他们的信任受到不同程度的影响。换言之，个体对外部信息的反应程度并不相同，有些人更容易受到影响。因此，不同个体之间的信任是异质的。

微观互动也经常用博弈模型来模拟，如囚徒困境或协调博弈等。两难式（dilemma-like）支付结构（payoff structure）中的合作是博弈论的一个重要研究课题（Axelrod，1984）。在通过将微观互动建模为非合作的囚徒困境的信任研究中，通常采用整个社会中的合作份额（即合作同（cooperation pair）数量与人口规模之比）作为（社会）信任的测量。这种方法的一个可能缺点是给定支付结构，无法区分信任增加事件和信任减少事件对一个人不同程度的影响。这意味着信任减少事件与信任度增加事件具有同等的绝对影响（只是方向相反）。但一般来说，信任的产生比较困难，但却很容易被摧毁。Slovic（1993）也认为："它（信任）典型地创造相当缓慢，但也可能因为一次失误或错误而瞬间毁灭。"[①]然而，信任的这一特点很少被纳入正式模型。

可信性作为信任研究不可分割的一个方面，不仅可以反映在所选择的策略上，也可以反映在所选择的支付结构上。给定一个支付结构，单边背叛会破坏伙伴的信任。当一个人扩大了原支付结构中单边

---

① SLOVIC P. Perceived risk, trust, and democracy [J]. Risk Analysis, 1993, 13 (6): 677.

合作者和单边背叛者之间的支付差异时，他的单边背叛对同伴信任的破坏程度很可能比在原支付结构中对同伴信任的破坏程度更大。试想这样一种情况：一个消费者将要购买婴儿配方奶粉，他所知道的或他所能想象到的糟糕情况是：最坏的情况不过是奶粉不值自己所支付的价格。然而，结果却是消费者的孩子在食用了该奶粉后患上重疾。这里，博弈仍然是同一个，即“购买婴儿配方奶粉”，但支付结构却与起初不一致。因此，可以说社会的可信性也反映了制度质量：在一个制度体系相对完善的社会中，破坏公众信任的事件很可能更少发生。

此外，人们并不是一定要参与到潜在互动中。他们不仅可以决定在互动中使用哪种策略和支付结构，还可以决定是否参与互动（Macy and Skvoretz，1998）。其中，信任是促成互动的至关重要的因素（Elsner and Schwardt，2015）。

关于互动，遇到不同的人的概率并不相同。这是社会互动的一个重要特征。随机配对机制实际上意味着在整个模拟人群中遇到任何其他人的概率都是相同的。Macy和Skvoretz（1998）认为，随机配对和单次囚徒困境（one-shot Prisoners' Dilemma）实验忽略了“博弈在社会网络中的嵌入性”[①]。Macy和Skvoretz（1998）认为，高嵌入程度意味着再次相遇的概率高。因此，在他们的论文中，参与人（players）被赋予两种关系，即邻居和陌生人，并且与邻居的互动被设置为高嵌入度，而与陌生人的互动被设置为低嵌入度（Macy and Skvoretz，1998）。这是一种更为现实的配对机制，因为在个人互动网络中，互动是局部密集的。

无论是在邻居和陌生人之间，还是在邻居内部，都存在着互动密度。因此，即使在邻里内部，互动也总是伴随着同伴选择。一个人与

① MACY M W，SKVORETZ J.The evolution of trust and cooperation between strangers：a computational model［J］. American Sociological Review，1998，63（5）：642.

他人的关系除了“存在或不存在”，还具有不同的关系权重（Newman，2004）。社会关系的强度是社会关系的一个重要特征。当一个人有机会与他的邻居互动时，他很可能会愿意与那些相对可信的邻居互动。

互动是相对直接的经验，而非互动（为简单起见，称之为“观察”[①]）则提供了获取他人互动信息的另一种途径。从直接互动和观察所获得的信息均是个人了解整个社会状况的渠道。在当代，信息扩散的一个明显现象是渠道变得更多、覆盖面变得更广、速度变得更快。除了传统的大众传媒外，信息技术与互联网接入的技术支持、个人电脑与移动终端的普及、新兴的新媒体与多样化的在线社交平台等，都极大地提高了个体获取信息的概率。通过观察获取的、关于他人互动且包含他人在社会中的可信性的信息塑造了信息接收者的信任。

学者们已经意识到，将个体异质性考虑进经济学研究与演化思想不谋而合。Gowdy等（2016）认为，代表性代理人的平均行为是使现代经济学非演化的原因之一[②]。对异质性进行建模正是Agent-Based模拟（Agent-Based Modeling，ABM）的优势，也是ABM与其他方法论（如系统动力学）的核心区别。ABM“非常强调异质性和社会互动”[③]（Banisch、Lima and Araújo，2012）。到目前为止，ABM作为一种方法论（Niazi and Hussain，2011），越来越多地被社会科学不同领域和主题的研究采用（Axelrod，1997；Elsner、Heinrich and Schwardt，2015[④]；Epstein，1999；Gilbert，2008；Macy and Willer，

① 为简单起见，这里的“观察”指的是获取他人互动信息的所有非互动方式。
② 作者根据相关资料整理。
③ BANISCH S，LIMA R，ARAÚJO T. Agent based models and opinion dynamics as Markov chains［J］. Social Networks，2012（34）：549.
④ ELSNER W，HEINRICH T，SCHWARDT H. The microeconomics of complex economies：evolutionary，institutional，neoclassical，and complexity perspectives［M］. Amsterdam：Elsevier，2015：227-249.

2002；Tesfatsion and Judd，2006）。运用ABM进行的信任研究也开始涌现（Kim，2009；Chen、Chie and Zhang，2015）。

在本章中，Agents的异质性主要体现在以下三个方面：（1）Agents的信任（即Agents参与一次潜在互动的意愿）和可信性（即Agents在一次实际互动中的合作概率）；（2）Agents分别从其邻居和非邻居处获取他人互动信息的能力；（3）Agents对所获取的不同互动信息（互为邻居或互为非邻居的信息，以及来自个人互动或观察的信息）的信任更新权重。就社会互动而言，一次互动（至少）包含以下决策：（1）是否发起（或参与）潜在互动；（2）如果潜在互动是在邻居范围内，选择哪个伙伴；（3）在实际互动中使用哪种（纯）策略；（4）应用哪种支付矩阵。

本章旨在通过设计一个Agent-Based计算实验，从微观角度探讨在不同环境条件下，有向加权正则环[①]上由个体变化的信任和可信性所支持的互动与合作的演化。此外，本章的实验设计还为信任下降的研究提供了有益的启示。

第4.2节列举了一些感兴趣的参数及其在本Agent-Based模型中的具体含义。第4.3节详细介绍了计算实验设计。第4.4节呈现了计算实验运行结果。第4.5节为结论。

4.2 感兴趣的参数

在介绍计算实验设计之前，有必要先弄清楚本研究定义或设置的一些参数及其含义，以便在本Agent-Based模拟中探索信任背后的社会经济过程。简言之，这些参数本质上均涉及与谁互动以及如何互动。

---

① 一种网络结构。

（1）社会网络嵌入程度。受Macy和Skvoretz（1998）的启发，本章中一个人社会网络嵌入的程度指的是一次潜在互动是与其直接邻居进行的概率。更有意义的是，社会网络嵌入也可以用来指示地理流动。

（2）突变支付矩阵。突变支付矩阵是原始的、流行的支付矩阵的突变版本。在本章中，互动被模拟为对称非合作囚徒困境[①]。原始支付矩阵和突变支付矩阵的纯策略对自身的支付值（payoff values）相同，但纯策略对不同纯策略的支付值不同。突变后的支付矩阵被赋予了更大的利益冲突，并用来表示突变后的支付矩阵相对于原始支付矩阵的相对剥削程度。

（3）支付结构的突变概率。它是指潜在互动的发起者在即将发生的实际互动中决定"背叛"的条件下，原始支付矩阵被互动的发起者变为突变支付矩阵的概率。在本章中，这是衡量制度质量的一个指标。

（4）互动信息在邻居中扩散的概率。它是指互动信息（包括互动双方的策略和支付）在互动双方任意一方的邻居中扩散的概率。

（5）互动信息在非邻居中扩散的概率。它是指互动信息（包括互动双方的策略和支付）在互动双方非任意一方的邻居中扩散的概率。

4.3 计算实验设计

4.3.1 人工社会和网络结构

考虑一个有n个Agents的人工社会。所有Agents的集合用有限集合$N=\{a_i|1\leqslant i\leqslant n,\ i\in N^+\}$表示，下标$i$代表给定Agent的唯一身份。所有Agents随后被安排在有向加权正则环（directed weighted regular

① 在本章中，效用支付和货币支付简单地未做过多区分，它们可以在不同的实际和具体情境中加以区分。

ring）上，每个Agent邻居的数量相等。a_i的邻居是指在环上离他最近的人。假设$Neig_i$是a_i的邻居集，那么$Neig_i^C = N - Neig_i - \{a\}$代表$a_i$的非邻居集。所有Agents都能记住邻居的身份，但记不住非邻居的身份[①]。

4.3.2 Agents的属性及其初始化

这里强调Agents的部分重要属性及其初始化（虽然还有其他一些属性），其具体用法将在第4.3.3节中详细阐述。

（1）信任和可信性

信任和可信性均是范围在［0，1］[②]之间的浮点数。如果一个Agent的信任等于或大于1/2，则被视为高信任Agent。一个Agent以概率p^{HTr}（即高信任Agents在整个群体中所占的比例）被初始化为高信任Agent。Agents在范围［0，1/2）和［1/2，1］上的信任分别在相应范围内服从均匀分布。即，

$$Tr_{i,\ t=0} \sim \begin{cases} U\left(\frac{1}{2},\ 1\right) \text{if } r_i^{tr} \in \left[0,\ p^{HTr}\right) \\ U\left(0,\ \frac{1}{2}\right) \text{if } r_i^{tr} \in \left[p^{HTr},\ 1\right] \end{cases} \# \tag{4-1}$$

其中，$Tr_{i,\ t=0}$是Agent a_i的初始信任。r_i^{tr}是在范围［0，1］上服从均匀分布的伪随机数。p^{HTr}是高信任Agents在整个群体中的比例。与信任类似，一个Agent的可信性也是服从［0，1］的均匀分布，即：

$$Trw_{i,\ t=0} \sim U(0,\ 1) \# \tag{4-2}$$

$Trw_{i,\ t=0}$是a_i的初始可信任性。信任代表互动意愿，而可信性指

---

① Agents、每个Agent的邻居集和每个Agent的非邻居集在创建后的每次模拟运行开始时进行乱序（shuffle）。

② 这里没有预先假设一个Agent的信任与其自身的可信性之间存在直接关系。这也与Kiyonari et al.（2006）的一项实验研究一致。该研究表明，信任并不会产生可信性。

一次实际互动中合作的概率。

（2）信息获取的概率

这里的信息获取是指Agents通过非互动方式（如通过观察、观看电视新闻或上网等[①]）获取他人的互动信息。一个Agent的信息获取概率表示其获取他人互动信息的能力和对他人互动信息的关注程度。

每个Agent都有两个信息获取概率：（a）从其邻居那里获取信息的概率，p_i^{IAN}；（b）从其非邻居那里获取信息的概率，p_i^{IANn}。它们均服从［0，1］上的均匀分布，且不会随时间改变，即：

$$p_i^{IAN} \sim U(0, 1)\# \quad (4\text{-}3)$$

$$p_i^{IANn} \sim U(0, 1)\# \quad (4\text{-}4)$$

现在，让a_i暂时是一个观察者。当一条互动信息在互动双方的邻居内扩散时，只要互动双方中有一方是观察者的邻居，观察者a_i就会以概率p_i^{IAN}观察；当该条互动信息在互动双方的非邻居内扩散时，如果互动双方都不是观察者的邻居，观察者a_i就会以概率p_i^{IANn}观察。

（3）四种信息来源的权重

假设一个Agent可以依赖四种信息源来调整其信任：（a）与邻居的互动；（b）与非邻居的互动；（c）观察两个互为邻居的人之间的互动；（d）观察两个互为非邻居的人之间的互动。

令w_i^{Neigs}表示a_i对互为邻居的人的信息权重，w_i^{Nneigs}表示a_i对互为非邻居的人的信息权重，w_i^{Inte}表示a_i通过互动获取的信息的权重，w_i^{Obs}表示a_i通过观察获取的信息的权重。一个Agent的所有四个权重都是在范围［0，1］上的均匀分布中随机选择的，且不随时间变化（见表4-1）。信任更新中四种信息源的权重是w_i^{Neigs}或w_i^{Nneigs}和w_i^{Inte}或w_i^{Obs}的四个线性组合（见表4-1）[②]。例如，在a_i的信任更新中，与邻居互动

① 以下，为方便起见，只用“观察”来泛指通过非互动方式获取他人互动信息的途径。

② 这里一个暗含的假设是w_i^{Neigs}、w_i^{Nneigs}、w_i^{Inte}和w_i^{Obs}是相互独立的。

的权重是w_i^{Neigs}和w_i^{Inte}的线性组合；在a_i的信任更新中，观察两个互为邻居的人之间互动的权重是w_i^{Neigs}和w_i^{Obs}的线性组合。四种信息源的权重设置如下（见表4-1）：

表4-1 **四种信息来源a_i的信任更新中的权重**

	w_i^{Inte}~U(0, 1)	w_i^{Obs}~U(0, 1)
w_i^{Neigs}~U(0, 1)	$0.5*(w_i^{Inte} + w_i^{Neigs})$	$0.5*(w_i^{Obs} + w_i^{Neigs})$
w_i^{Nneigs}~U(0, 1)	$0.5*(w_i^{Inte} + w_i^{Nneigs})$	$0.5*(w_i^{Obs} + w_i^{Nneigs})$

（4）单边连接权重

单边连接权重是指当一个Agent（如a_i）的选择范围在邻居范围内时，他主动选择一个邻居作为潜在互动伙伴所依赖的权重，且单边连接权重在单个时期内不会改变。a_i的一个邻居被a_i赋予的单边连接权重越大，则该邻居被选为潜在互动伙伴的概率就越高。一个Agent赋予其邻居的所有单边连接权重之和为1。在第1期，如果a_i的选择范围在邻居范围内，则a_i的每个邻居被其赋予的权重相等，因此被选为潜在互动伙伴的概率也相等。

4.3.3 微观机制

每个时期包含20个子时期。每个时期的微观过程包含三项主要任务：（a）在每个子时期内，所有Agents依次都有一个机会主动提出互动请求①，并且这种情况轮流重复20次；（B）所有Agents依次更新下一个时期的可信性②；（C）所有Agents依次更新下一个时期的单边连接权重③（见图4-1）。

① 见第4.3.3小节。
② 见第4.3.3小节。
③ 见第4.3.3小节。

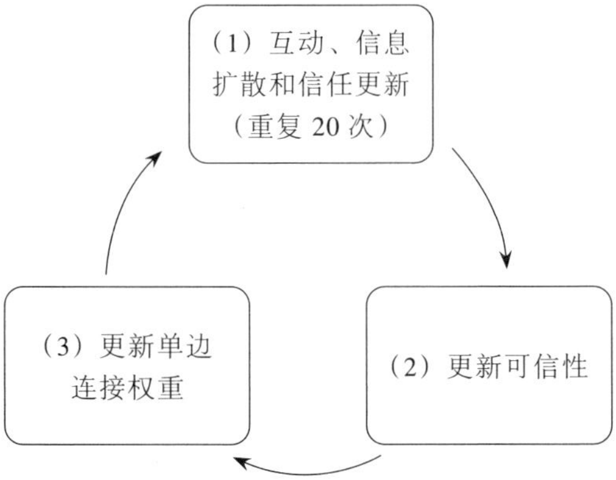

图 4-1　微观层面过程的总体框架

（1）互动、信息扩散和信任更新

这部分包括7个步骤（见图4-2）。如前所述，在更新可信性之前，这一循环要重复20次。

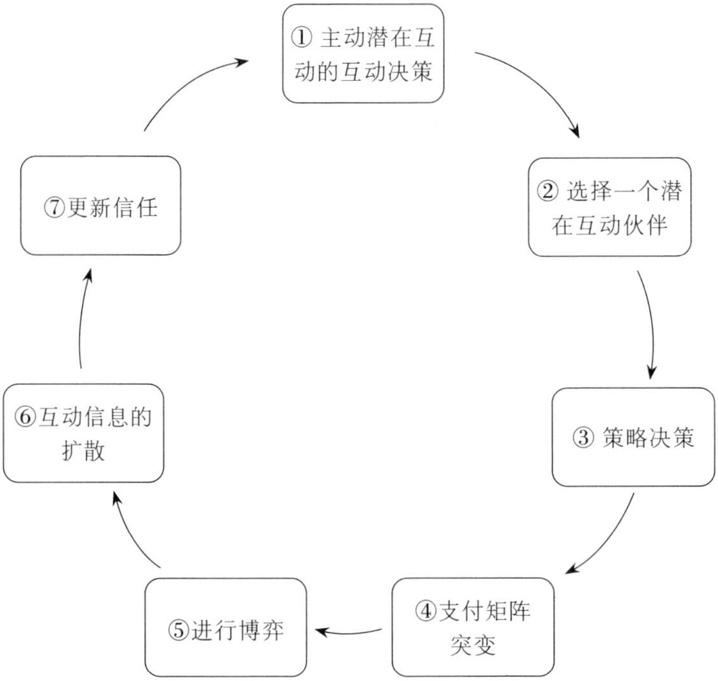

图 4-2　各子时期内“互动、信息扩散和信任更新”的流程图

在进一步讨论之前，让我们先看一下本章中的“潜在互动”。只要一个Agent有机会互动，但尚未实际互动，就会获得一次潜在互动。因此，Agent i在时期t内的潜在互动次数可以用两种不同的方法计算：（a）它等于与邻居的潜在互动次数$Num_{i,t}^{PI;N}$加上与非邻居的潜在互动次数$Num_{i,t}^{PI;Nn}$，或（b）等于a_i的主动互动请求$Num_{i,t}^{API}$加上来自他人的互动请求（被动互动）$Num_{i,t}^{PPI}$。

① 主动潜在互动的互动决策

对于一个时期内的每个子时期，每个Agent都有机会依次按照洗牌顺序主动向他人提出互动请求。一个Agent是否会抓住这个机会进入下一步选择潜在互动伙伴，由其互动意愿（即他自己的信任）决定，即a_i会以与其信任相等的概率继续选择潜在互动伙伴。

② 选择一个潜在互动伙伴

•从邻居还是非邻居中选择?

按照Macy和Skvoretz（1998）的观点，本章也假设了嵌入社会网络的程度。嵌入社交网络的程度作为一个参数，为［0，1］内的浮点数。当a_i主动提出互动请求时，他的潜在互动伙伴将以等于社交网络中的嵌入度的概率从其邻居中选择，或者以等于1减去社交网络中的嵌入度概率从其非邻居中选择[①]。

•选择哪个伙伴进行互动?

如果a_i的潜在互动伙伴确定会从邻居中选择，那么到底哪个邻居会被选择取决于a_i在当前时期内分配给他的邻居的单边连接权重。相反，如果a_i的潜在互动伙伴确定来自他的邻居之外，那么将在a_i的非邻居中以相同的可能性随机选择一个非邻居。

•被选中的伙伴会同意互动吗?

① 这里的社会网络嵌入程度仅代表一个Agent在潜在互动中遇到邻居的概率，并不代表Agent与邻居互动的主观意愿。

a_i选中的潜在互动伙伴a_j（邻居或非邻居）是否愿意参与互动，依赖被选中的伙伴a_j的互动意愿，这取决于a_j本身的信任。只有a_j同意互动，互动才会真正发生，并且a_i和a_j才会进入下一步策略决策；否则，实际互动不会发生，且a_i和a_j无法进入下一步。

③ 策略决定

每个Agent在实际互动中使用一种混合策略。一个Agent是否会在接下来的实际互动中合作取决于该Agent的可信性。一个Agent以等于其可信性的概率合作，以等于1减去其可信性的概率背叛。

④ 支付矩阵突变

•边际剥削率和相对剥削程度

实际的互动过程用非合作且对称的囚徒困境来建模。令矩阵A^g代表囚徒困境支付矩阵的一般形式，并设

$$A^g = \begin{bmatrix} a_{11} & a_{12} \\ a_{21} & a_{22} \end{bmatrix} \# \tag{4-5}$$

a_{11}是一个Agent和他的伙伴都采用“合作”策略时该Agent的报酬；a_{12}是一个Agent单独采用“合作”策略而他的伙伴采用“背叛”策略时该Agent的报酬；a_{21}是一个Agent采用“背叛”策略而他的伙伴采用“合作”策略时该Agent的报酬；a_{22}是双方都采用“背叛”策略时该Agent的报酬。那么，为使该博弈为囚徒困境，其支付矩阵A^g的元素应满足$a_{21} > a_{11} > a_{22} > a_{12}$且$a_{11} > \frac{a_{21} + a_{12}}{2}$的条件。

对本章之后的信任更新更为重要的是，本章定义了一个给定的支付矩阵A^g的边际利用率（marginal rate of exploitation，MRE）：

$$MRE^{Ag,\ C/D} = \frac{a_{11} - a_{12}}{a_{21} - a_{11}} \# \tag{4-6}$$

$MRE^{Ag,\ C/D}$表示在支付矩阵A^g下，纯策略“背叛”对纯策略“合作”的边际利用率。它衡量背叛者从纯策略“合作”偏离一单位支付

中的收获是多少。该收获以他的合作者博弈伙伴的损失为代价。*MRE* 为正值。

考虑两个对称的囚徒困境，A 和 A^{mut} 有不同的数字支付[①]：

$$A = \begin{bmatrix} a_{11}^{A} & a_{12}^{A} \\ a_{21}^{A} & a_{22}^{A} \end{bmatrix} \# \tag{4-7}$$

$$A^{mut} = \begin{bmatrix} a_{11}^{Amut} & a_{12}^{Amut} \\ a_{21}^{Amut} & a_{22}^{Amut} \end{bmatrix} \# \tag{4-8}$$

其中，A^{mut} 是 A 的突变形式。因此，支付矩阵 A 的边际利用率为：

$$MRE^{A,\ \frac{C}{D}} = \frac{a_{11}^{A} - a_{12}^{A}}{a_{21}^{A} - a_{11}^{A}} \# \tag{4-9}$$

除了囚徒困境应满足的一般条件，本章中的 A 和 A^{mut} 还满足 $a_{11}^{Amut} = a_{11}^{A}$、$a_{22}^{Amut} = a_{22}^{A}$、$a_{21}^{Amut} > a_{21}^{A}$ 和 $a_{12}^{Amut} < a_{12}^{A}$，以确保与原始支付矩阵 A 相比突变后的支付矩阵 A^{mut} 扩大了单边背叛的剥削程度，并且也确保具有可比性。

同时，我们将支付矩阵 A^{mut} 对 A 的相对剥削程度（relative exploitation degree，RED）定义为

$$RED^{\frac{Amut}{A}} = \frac{a_{21}^{Amut} - a_{12}^{Amut}}{a_{21}^{A} - a_{12}^{A}} \# \tag{4-10}$$

构造相对剥削度是为了衡量突变支付矩阵 A^{mut} 在多大程度上扩大了原始支付矩阵 A 的利益冲突。

数值上，本章中 $A = \begin{bmatrix} 3 & 1 \\ 4 & 2 \end{bmatrix}$，并且 A^{mut} 是一个有不同取值的参数。例如，当 $A^{mut} = \begin{bmatrix} 3 & 0 \\ 5 & 2 \end{bmatrix}$ 时，我们得到：

$$MRE^{A,\ \frac{C}{D}} = \frac{a_{11}^{A} - a_{12}^{A}}{a_{21}^{A} - a_{11}^{A}} = \frac{3-1}{4-3} = 2 \# \tag{4-11}$$

① 本章并没有具体说明支付是效用支付还是货币支付，也不涉及基数效用或序数效用的可比性，在具体情况下，它们或多或少会变得更加具体和有意义。其背后的意义在现实世界中是显而易见的。

$$RED^{\frac{Amut}{A}} = \frac{a_{21}^{Amut} - a_{12}^{Amut}}{a_{21}^{A} - a_{12}^{A}} = \frac{5-0}{4-1} = \frac{5}{3} \# \tag{4-12}$$

•支付矩阵决策

支付矩阵决策在纯策略决策之后。一次潜在互动的互动发起方（主动互动方）拥有单方面以概率为p^{Amut}将支付矩阵从A改为A^{mut}的排他性权利，条件是互动发起者已决定在即将到来的实际互动中采用“背叛”策略[①]。只要没有发生支付矩阵突变，互动就会以原始支付矩阵A继续进行，即：

$$PM_{i,t,\tau} = \begin{cases} \text{A if } r^{PM} \in \left[0,\ p^{Amut}\right] \\ A^{mut} \text{ if } r^{PM} \in \left(p^{Amut},\ 1\right) \end{cases} \# \tag{4-13}$$

$PM_{i,t,\tau}$表示在时期t的子时期τ中，a_i的主动潜在互动的支付矩阵决策。r^{PM}是一个伪随机数。由于A和A^{mut}在本章中应满足具体条件，因此假设当主动行动者选择A^{mut}时：（a）被动行为者无法发现自己处于A^{mut}之下，除非被动行为者“合作”；（b）观察者也无法发现其观察到的互动处于A^{mut}之下，除非被观察到的互动是单边背叛。

⑤ 进行博弈

在决定了即将进行的互动中采用的具体行动和支付矩阵之后，互动双方开始进行博弈。互动双方在当前时期内的每次实际互动都应记录两个方面的内容：（a）对自己的实际互动（包括主动互动和被动互动）和合作（无论其伙伴是否合作）进行计数，无论其伙伴是邻居还是非邻居；（b）对与每个邻居的实际互动进行计数，以及根据其邻居身份，对其每个邻居对其实施的合作进行计数。所有这些都会在每个时期（不是子时期）开始时重置为零。其中，（a）用于可信性更新，（b）用于单边连接权重更新。

---

① 虽然在自然界突变概率非常小（Seltzer和Smirnov，2015），但本章并未将其设置得那么小。

⑥ 互动信息的扩散（被他人观察）

不是互动方的其他人也有可能获知互动的情况和结果。除互动双方（比如 a_i 和 a_j）外，人工社会中的其他 Agents 被分为两组：一组是联合邻居集 $UNeig_{ij}$，其中的 Agents 是互动双方中任意一方的邻居；另一组是集合 $DNeig_{ij}$，其中的 Agents 不是互动双方中任何一方的邻居。因此，当互动方 a_i 和 a_j 互为邻居时，

$$UNeig_{ij} = Neig_i \cup Neig_j - \left\{a_i, \ a_j\right\} \# \tag{4-14}$$

$$DNeig_{ij} = \mathrm{N} - \left(Neig_i \cup Neig_j\right) \# \tag{4-15}$$

当互动双方 a_i 和 a_j 互为非邻居时，

$$UNeig_{ij} = Neig_i \cup Neig_j \# \tag{4-16}$$

$$DNeig_{ij} = \mathrm{N} - \left(Neig_i \cup Neig_j\right) - \left\{a_i, \ a_j\right\} \# \tag{4-17}$$

a_i 和 a_j 的互动信息在这两个互动方的邻居 $UNeig_{ij}$ 中扩散的概率为 p^{IDN}，在它们的非邻居 $DNeig_{ij}$ 中扩散的概率为 p^{IDNn}。p^{IDN} 和 p^{IDNn} 都是在 $[0, 1]$ 上的均匀分布中抽取的随机数，并用作参数。

然后，a_i 和 a_j 的互动信息开始分别在 $UNeig_{ij}$ 和 $DNeig_{ij}$ 中扩散。一个外部 Agent a_k（不属于互动方的一个 Agent）能否获知刚刚发生的互动，取决于他属于 $UNeig_{ij}$ 还是 $DNeig_{ij}$，以及他自己从其邻居处获取信息的概率 p_k^{IAN} 和从其非邻居处获取信息的概率 p_k^{IANn}。观察者从他人的互动中获得的信息是：（a）策略组合，即观察到的互动是“相互合作”、“单边背叛”还是“相互背叛”；（b）观察到的互动双方之间的关系，即“互为邻居”还是“互为非邻居”；以及（c）具体的支付矩阵，即支付矩阵是否是突变矩阵。需要注意的是，A^{mut} 只能在单边背叛的情况下表现出来，因为根据本章的设置，在“相互合作”和“相互背叛”的情况下，A^{mut} 与 A 具有相同的值。

⑦ 更新信任

➢信任更新的方向（定性的信任更新）

信任的变化有三个方向：增加、减少和保持不变。关于信任如何变化以及何时变化，本研究首先区分了信任增加事件、信任减少事件和信任不变事件，并从互动者Agents和观察者Agents两个角度进行分析：

•互动者Agents

对于两个互动者Agents，在相互合作的情况下，两个Agents的信任都会增加；在单方背叛的情况下，合作Agent的信任减少，而背叛Agent的信任保持不变；在相互背叛的情况下，两个Agents的信任都保持不变（见表4-2）。

•观察者Agents

对于一个观察者来说，他首先会想象如果自己参与互动，会采用哪种（纯）策略。一个观察者Agent想象的（纯）策略与他可信性相等的概率是“合作”。如果他想象的（纯）策略是“合作”，那么当他观察到相互合作时，他的信任就会增加；当他观察到单方背叛或相互背叛时，他的信任就会降低。如果他想象的（纯）策略是“背叛”，他的信任就不会发生变化（见表4-2）。

表4-2 **信任更新方向**

信息获取方式	策略		信任更新方向	
	自己	对手	自己	对手
互动	C	C	↑	↑
	C	D	↓	—
	D	C	—	↓
	D	D	—	—

续表

信息获取方式	策略	信任更新方向	
	被观察到的策略组合	观察者想象的策略	
		C	D
观察	互相合作	↑	—
	单边背叛	↓	—
	互相背叛	↓	—

注："C" 代表 "合作"，"D" 代表 "背叛"。"↑" 代表增加，"↓" 代表下降，"—" 表示不变。

➢定量的信任更新

定量的信任更新基于一个特定的量 ΔTr^{Base}，它等于0.005。一个Agent究竟会更新多少信任取决于：(a) 支付矩阵 A 的边际利用率（即 $MRE^{A,\ C/D}$）；(b) A^{mut} 对 A 的相对剥削程度（即 $RED^{Amut/A}$）；(c) a_i 自身对4种信息源的权重（表4-1中所示的 w_i^{Neigs} 或 w_i^{Nneigs} 和 w_i^{Inte} 或 w_i^{Obs} 的4种可能组合）。

•互动者Agents

假设 a_i 与他的邻居 a_j 互动。如果 a_i 和 a_j 都采用 "合作"，

$$Tr_i \leftarrow \min\left(Tr_i + 0.5*\left(w_i^{Neigs} + w_i^{Inte}\right)*\Delta Tr^{Base},\ 1\right)\# \tag{4-18}$$

如果 a_i 在支付矩阵 A 下单方面使用 "合作"，

$$Tr_i \leftarrow \max\left(Tr_i - 0.5*MRE^{A,\ C/D}*\left(w_i^{Neigs} + w_i^{Inte}\right)*\Delta Tr^{Base},\ 0\right)\# \tag{4-19}$$

如果 a_i 在支付矩阵 A^{mut} 下单方面使用 "合作"，

$$Tr_i \leftarrow \max\left(Tr_i - 0.5*RED^{Amut/A}*MRE^{A,\ C/D}*\left(w_i^{Neigs} + w_i^{Inte}\right)*\Delta Tr^{Base},\ 0\right)\# \tag{4-20}$$

当 a_i 的互动伙伴为非邻居 a_j 时，w_i^{Nneigs} 应替换 w_i^{Neigs}。与此同时，a_j 也应根据同样的规则更新其信任。

•观察者Agents

假设 a_k 观察到的是两个互为邻居的Agents a_i 和 a_j 之间的互动。如果 a_i 和 a_j 都采用“合作”策略，而 a_k 想象的纯策略也是“合作”，

$$Tr_k \leftarrow \min\left(Tr_k + 0.5*\left(w_k^{Neigs} + w_k^{Obs}\right)*\Delta Tr^{Base},\ 1\right)\# \tag{4-21}$$

如果 a_i 和 a_j 不都采用“合作”策略，那么当 a_k 想象的纯策略是“合作”且观察到的支付矩阵不是 A^{mut} 时，

$$Tr_k \leftarrow \max\left(Tr_k - 0.5*MRE^{A,\ C/D}*\left(w_k^{Neigs} + w_k^{Obs}\right)*\Delta Tr^{Base},\ 0\right)\# \tag{4-22}$$

如果 a_i 和 a_j 不都采用“合作”策略，那么当 a_k 想象的纯策略为“合作”，但观察到的支付矩阵为 A^{mut} 时，

$$Tr_k \leftarrow \max\left(Tr_k - 0.5*RED^{Amut/A}*MRE^{A,\ C/D}*\left(w_k^{Neigs} + w_k^{Obs}\right)*\Delta Tr^{Base},\ 0\right)\# \tag{4-23}$$

当 a_k 观察到互动发生在两个互为非邻居的人之间时，w_k^{Nneigs} 应该替换 w_k^{Neigs}。

（2）更新可信性

Agents对自身可信性的更新被视为一种策略学习过程。我们将Agents的策略学习对象限制在其邻居范围内。每个Agent都会在一个时期即将结束时更新自己的可信性。对于Agent a_i 来说，需要做的就是搜索出他的邻居 a_{j_0} 在当前时期内与邻居被动潜在互动次数最多的 $Num_{j_0,\ t}^{PPI,\ N}$。如果 $Num_{j_0,\ t}^{PPI,\ N}$ 大于 a_i 自己的被动潜在互动次数 $Num_{i,\ t}^{PPI,\ N}$，且 j_0 的实际互动次数不为0，则 a_i 会将其可信性转换为 a_{j_0} 的合作率 $R_{j_0,\ t}^{C} = \dfrac{Num_{j_0,\ t}^{C}}{Num_{j_0,\ t}^{AI}}\left(Num_{j_0,\ t}^{AI} \neq 0\right)$，并将其作为下一期的（混合）策略；否则，$a_i$ 将在下一个时期保持其当前的可信性。之所以将策略学习的基础设定为Agents在当前时期 t 的合作率，而不是Agents在互动中的合作概率，是因为假设Agents在互动中的合作概率是其他Agents无法观察到的，而他的合作率则相反。

形式上，令 $Neig_i$ 表示 t 时期内 a_i 的策略学习候选者所在的邻居

集，a_j是$Neig_i$中的任意元素。在$Neig_i$中，当前时期t中被动潜在互动次数最多的Agents a_{j_0}满足以下条件：

$$j_0 = \text{argmax}_j\{j\} Num_{j,t}^{PPI,N}, \ a_j \in Neig_i\} \# \quad (4-24)$$

因此，

$$Trw_{i,t+1} = \begin{cases} R_{j_0,t}^{C}, \text{if } Num_{j_0,t}^{PPI,N} > Num_{i,t}^{PPI,N} \\ Trw_{i,t} \quad \text{otherwise} \end{cases} \# \quad (4-25)$$

其中，

$$R_{j_0,t}^{C} = \frac{Num_{j_0,t}^{C}}{Num_{j_0,t}^{AI}}\left(Num_{j_0,t}^{AI} \neq 0\right) \# \quad (4-26)$$

$R_{j_0,t}^{C}$表示Agent j_0在时期t中的合作率，$Num_{j_0,t}^{C}$表示Agent j_0在时期t中的合作总次数，$Num_{j_0,t}^{AI}$表示Agent j_0在时期t中的实际（而非潜在）互动总次数。

（3）更新单边连接权重

在每个时期t结束时，每个Agent都会更新其在下一个时期$t+1$的单边连接权重。首先，a_i根据以下公式评估其每个邻居只与他合作的比率，

$$R_{ij,t}^{C_j} = \begin{cases} \frac{Num_{ij,t}^{C_j}}{Num_{ij,t}^{AI}}\left(Num_{ij,t}^{AI} \neq 0\right) \\ \alpha\left(Num_{ij,t}^{AI} = 0\right) \end{cases} \left(a_j \in Neigs_i\right) \# \quad (4-27)$$

$R_{ij,t}^{C_j}$表示a_i在第t个时期结束时对其任意邻居a_j的合作率的评价。$Num_{ij,t}^{C_j}$是a_i在时期t中与邻居a_j实际互动的次数。α是默认的合作率估计值，等于0.2，当a_i在时期t中没有与邻居a_j的实际互动记录时，就用它来代替$R_{ij,t}^{C_j}$。

然后，a_i根据下面的机制更新其在下一个时期$t+1$的连接权重：

$$lw_{ij,\ t+1} = p_{ij,\ t+1,\ \tau}^{API} = \frac{R_{ij,\ t}^{C_j} + \delta}{\sum_{j=i-\frac{Num_i^{Neigs}}{2}}^{i+\frac{Num_i^{Neigs}}{2}} \left(R_{ij,\ t}^{C_j} + \delta\right)}$$

$$= \frac{R_{ij,\ t}^{C_j} + \frac{1}{Num_i^{Neigs}}}{\sum_{j=i-\frac{Num_i^{Neigs}}{2}}^{i+\frac{Num_i^{Neigs}}{2}} \left(R_{ij,\ t}^{C_j} + \frac{1}{Num_i^{Neigs}}\right)} \# \quad (4\text{-}28)$$

$(a_j \in Neigs_i,\ 0 \leqslant \tau \leqslant Req_{i,\ t}^{Inte}\ \text{and}\ \tau \in \mathrm{N}^+)$

$lw_{ij,\ t+1}$表示a_i在下一个时期分配给其邻居a_j的单边连接权重。$p_{ij,\ t+1,\ \tau}^{API}$表示在时期$t$+1的任意子时期$\tau$内，当$a_i$在其邻里范围内选择潜在互动伙伴时，$a_i$主动选择其邻居$a_j$作为潜在互动伙伴的概率。此外，定义$\delta$为关系维持强度，它是一个常数，其直接目的是矩阵补全，因为每个元素的分母可能为零。它还可用于：（a）控制即使一个Agent的邻居在当前时期内的所有实际互动中都背叛，关系在多大程度上仍能维持到下一个时期；（b）同时让Agents足够重视邻居在当前时期内的实际互动中的合作率。连接权重更新规则之所以这样设置，是因为社交网络中的嵌入性是本章所关注的一个参数，因此不希望永远完全删除任何关系。在本章中，我们设定$\delta = lw_{ij,\ t=1} = \frac{1}{Num_i^{Neigs}}$，即$a_i$与其任意邻居$a_j$的初始单边连接权重，以便与这样一个事实保持一致：一般情况下一个邻居在一个较大的邻居范围中被选择的概率较低。连接权重的变化反映了连接的异质性。

4.4 结果与分析

参数及其取值见表4-3。表4-3中待比较参数的数字或矩阵下的短横线为基准模拟中使用的参数值。各参数候选值的比较以基准模拟为基础。对于所研究的每个参数值组合，本章感兴趣的是以下方面的变化：（1）所有Agents的实际互动次数总和 $\sum_{i=1}^{100} Num_{i,t}^{AI}$；（2）所有Agents的合作次数总和 $\sum_{i=1}^{100} Num_{i,t}^{C}$；（3）它们之间的差异①。本章所有模拟均运行800次。

表4-3 **参数及其取值**

参数	值/候选值
不变参数	
网络规模	100
直接邻居数量	6
低信任与高信任的边界	1/2
原始支付矩阵	$\begin{bmatrix} 3 & 1 \\ 4 & 2 \end{bmatrix}$
高信任Agents比例	0.8
信任更新的基础（ΔTr^{Base}）	0.005
违约合作率估计（α）	0.2
关系维持强度（δ）	1/6
时期数	50
子时期数	20
模拟运行次数	800
待比较参数	
社交网络嵌入程度（se）	0.6，0.7，0.8，0.9
支付结构突变概率（mppm）	0.0，0.1，0.2，0.3
突变支付结构（Amut）	$\begin{bmatrix} 3 & -3 \\ 8 & 2 \end{bmatrix}$, $\begin{bmatrix} 3 & -2 \\ 7 & 2 \end{bmatrix}$, $\begin{bmatrix} 3 & -1 \\ 6 & 2 \end{bmatrix}$, $\begin{bmatrix} 3 & 0 \\ 5 & 2 \end{bmatrix}$
信息在邻居中扩散的概率（pidn）	0.7，0.8，0.9，1.0
信息在非邻居中扩散的概率（pidnn）	0.00，0.05，0.10，0.15

注：括号中6个待比较参数的缩写将在图表图例中使用。在待比较参数的取值中，加粗并添加下划线的取值为基准模拟中的参数取值。

① 由于每次互动涉及2个Agents，每个时期包含20个子时期，因此 $\sum_{i=1}^{100} Num_{i,t}^{AI}$ 和 $\sum_{i=1}^{100} Num_{i,t}^{C}$ 的最大值为4 000。

4.4.1 基准模拟

在对几组参数值进行比较之前，让我们先快速浏览一下基准模拟。图4-3展示了800次运行基准模拟的最小值、最大值、中位数和平均值。在基准模拟中，800次运行的$\sum_{i=1}^{100} Num_{i,t}^{AI}$和$\sum_{i=1}^{100} Num_{i,t}^{C}$的中位数和平均值先下降后上升。它们的最大值和最小值的距离逐渐跨越整个范围。$\sum_{i=1}^{100} Num_{i,t}^{AI}$与$\sum_{i=1}^{100} Num_{i,t}^{C}$之间差值的中位数先减小后扩大再缩小，而其平均值则相对稳定。

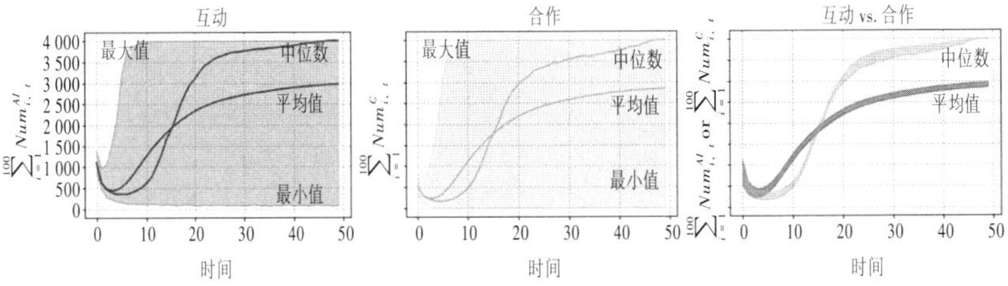

图4-3 基准模拟

4.4.2 社会网络嵌入程度

这里比较了社交网络嵌入程度（degree of embeddedness in social network，se）的4个取值，即se=0.6、0.7、0.8和0.9，其他参数取值与基准模拟中的参数取值相同。运行结果如图4-4所示。在本章的计算实验设计中，$\sum_{i=1}^{100} Num_{i,t}^{AI}$和$\sum_{i=1}^{100} Num_{i,t}^{C}$随着社交网络嵌入程度的提高表现越来越好（有更高的值）。在最坏情况下（即当se = 0.6时），800次运行的$\sum_{i=1}^{100} Num_{i,t}^{AI}$和$\sum_{i=1}^{100} Num_{i,t}^{C}$的中位数甚至崩溃。

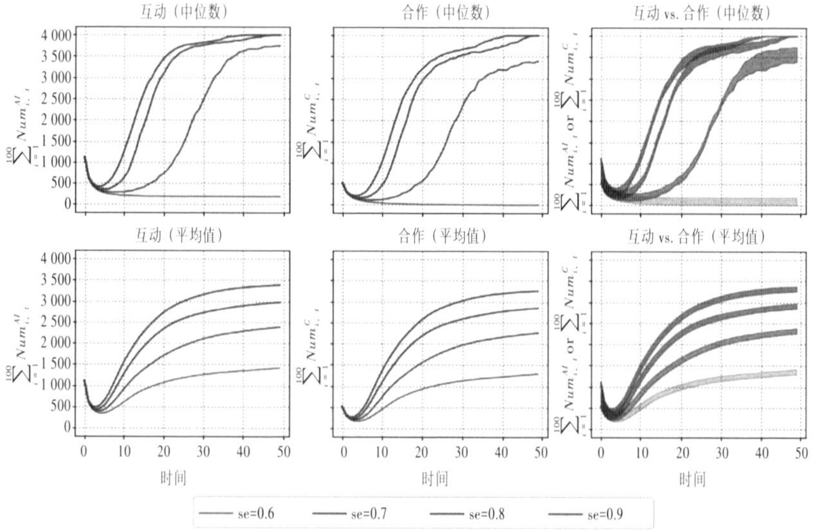

图 4-4　比较社交网络嵌入程度

其他条件相同的情况下，社交网络嵌入程度越高，互动就越有可能在邻居范围内发生。因此，当社交网络嵌入程度越高时，一方面，一个Agent的信任更新与其固定邻居的可信性的关系越密切；另一方面，一个Agent与其每个邻居的互动样本越多，对每个邻居合作率的估计值也越多，他更新可信性的机会也就越多，从而避免陷入低可信性陷阱。之后，学习可信性便反映在互动上。社交网络嵌入程度在某种程度上代表了地理流动的反面。因此，随着地理流动的加速，信任和可信性都会下降，甚至可能崩溃。

至于800次运行的 $\sum_{i=1}^{100} Num_{i,t}^{AI}$ 与 $\sum_{i=1}^{100} Num_{i,t}^{C}$ 的平均值之间相对稳定的差距，这可能归因于：（1）信息获取能力。假设一个Agent当前的信任度低。如果他通过观察（邻居和非邻居）获取信息的能力同时也很低，那么他就有更少的机会增加信任，并总是不参与实际互动。（2）单边连接权重更新。如果一个Agent的其他邻居更加合作，那么他最大可能背叛的邻居就会有更少的可能性被选为其潜在互动伙伴。

4.4.3 支付矩阵的突变概率

这里比较了支付矩阵突变概率（mutation probability of payoff structure，mppm）的4个取值，即0.0、0.1、0.2和0.3，其他参数的取值与基准模拟中的参数取值相同。运行结果如图4-5所示。在4个取值之下，$\sum_{i=1}^{100} Num_{i,t}^{AI}$和$\sum_{i=1}^{100} Num_{i,t}^{C}$均飙升，虽然速度不同。当mppm = 0和0.1时，$\sum_{i=1}^{100} Num_{i,t}^{AI}$和$\sum_{i=1}^{100} Num_{i,t}^{C}$的表现比当mppm = 0.2和0.3时更好。

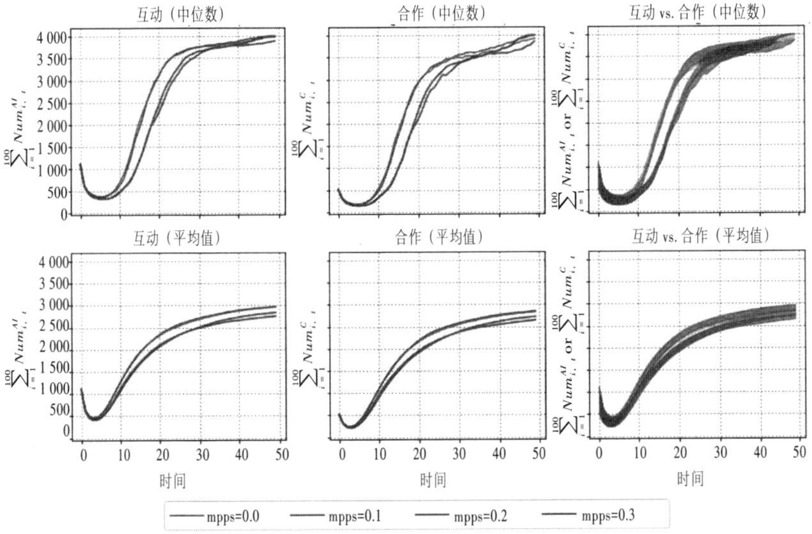

图4-5 比较支付结构的突变概率

$\sum_{i=1}^{100} Num_{i,t}^{AI}$和$\sum_{i=1}^{100} Num_{i,t}^{C}$在所有支付矩阵突变概率的候选取值下均增加的原因在于mppm是一个条件概率，是潜在互动的发起者在其已经决定在即将到来的实际互动中实施“背叛”的条件下，将原始支付矩阵变为突变支付矩阵的概率（如前所述）。因此，随着Agents更加可信，他们在实际互动中选择“背叛”的次数就会更少。因此，改变支付矩阵的概率也会变低。由于突变支付矩阵的支付值是通过相对剥削程度进入信任更新的，突变支付矩阵比原始支付矩阵使单边合作方信任下降得更严重。因此，在其他条件相同的情况下，当mppm较高时，信任的恢复和产生需要更多时间。

4.4.4 突变支付矩阵

这里比较了突变支付矩阵（mutated payoff structure，Amut）的4个不同取值，即$\begin{bmatrix}3 & -3\\8 & 2\end{bmatrix}$、$\begin{bmatrix}3 & -2\\7 & 2\end{bmatrix}$、$\begin{bmatrix}3 & -1\\6 & 2\end{bmatrix}$和$\begin{bmatrix}3 & 0\\5 & 2\end{bmatrix}$，其他参数取值与基准模拟相同。运行结果见图4-6。

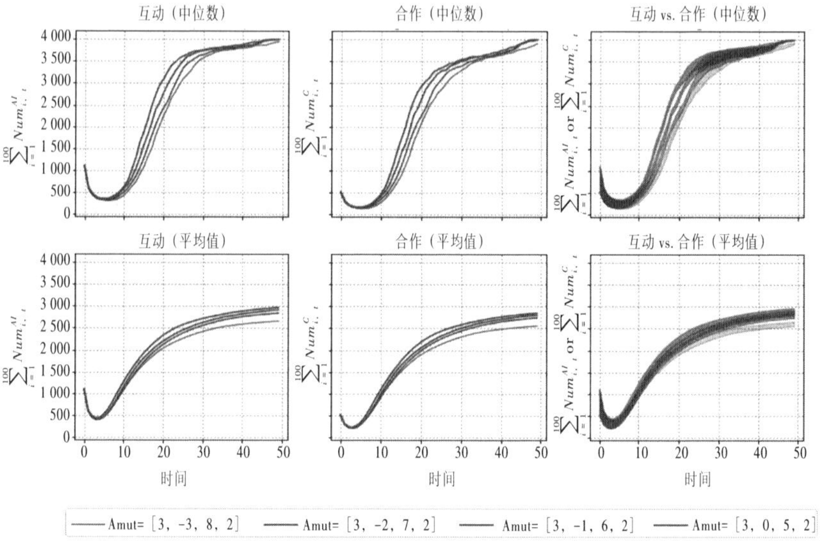

图4-6 比较突变支付矩阵

随着单边合作者和单边背叛者之间的冲突缩小，$\sum_{i=1}^{100} Num_{i,t}^{AI}$和

$\sum_{i=1}^{100} Num_{i,\ t}^{C}$都以更快的速度上升。这是因为，随着突变支付矩阵的事后冲突变得更强烈，相对剥削程度会放大信任下降的程度，这会导致在其他条件相同的情况下，单边合作者的信任会下降得更严重。

4.4.5 信息在邻居中扩散的概率

这里比较了信息在邻居中扩散的概率（probability of information diffusion in neighbors，pidn）的4个取值，即pidn = 0.7、0.8、0.9和1.0，其他参数取值与基准模拟相同。运行结果如图4-7所示。大致上，在此实验设计和参数取值之下，随着信息在邻居中扩散的概率增加，$\sum_{i=1}^{100} Num_{i,\ t}^{AI}$和$\sum_{i=1}^{100} Num_{i,\ t}^{C}$均以更快的速度上升。

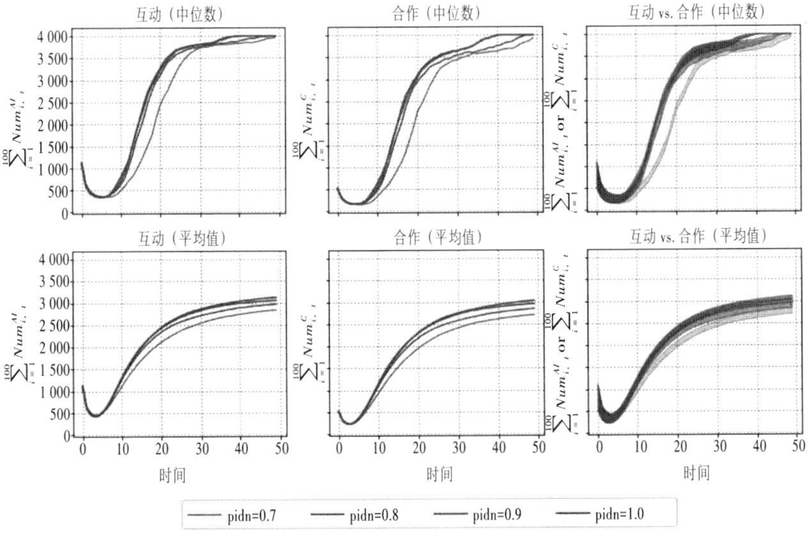

图4-7 比较信息在邻居中的扩散概率

如前所述，观察是获取他人互动信息的重要渠道，同时也是信任更新的重要渠道。信息在邻居中扩散的特点是信息覆盖面相对较小，但信息到达相对频繁。也就是说，邻居中信息扩散的影响主要是局部的。因此，Agents更有可能通过观察邻居获得异质性信息。

然而，需要指出的是，无论是在邻居中还是在非邻居中，信息扩散的影响都是一个微妙的问题。信息扩散的决定性因素可能不是概率，而是扩散事件的性质，即被观察的事件是信任增加型的事件还是信任减少型事件。随着pidn的增加，观察到信任增加型事件和信任减少型事件的概率都会增加，而信任减少型事件对Agents信任的影响要大于信任增加型事件。因此，一定数量的信任减少型事件对信任的负面影响需要更多的信任增加型事件来弥补。pidn对$\sum_{i=1}^{100} Num_{i,t}^{AI}$和$\sum_{i=1}^{100} Num_{i,t}^{C}$的影响可能取决于信任增加型事件和信任减少型事件的数量对比。只有当信任增加型事件被观察到足够多的次数时，$\sum_{i=1}^{100} Num_{i,t}^{AI}$和$\sum_{i=1}^{100} Num_{i,t}^{C}$才能飙升。在非邻居中，信息扩散的影响更为明显，下文将对此进行分析。

4.4.6 信息在非邻居中扩散的概率

这里比较了信息在非邻居中扩散的概率（probability of information diffusion in non-neighbors，pidnn）的4个取值，即pidnn = 0、0.05、0.1、0.15，其他参数取值与基准模拟中的相同。运行结果如图4-8所示。可以看出，$\sum_{i=1}^{100} Num_{i,t}^{AI}$和$\sum_{i=1}^{100} Num_{i,t}^{C}$对信息在非邻居中扩散的概率比对信息在邻居中扩散的概率更加敏感。随着信息在非邻居中扩散的概率变大，$\sum_{i=1}^{100} Num_{i,t}^{AI}$和$\sum_{i=1}^{100} Num_{i,t}^{C}$的上升速度变慢。在最坏的情况下（当pidnn=0.15时），$\sum_{i=1}^{100} Num_{i,t}^{AI}$和$\sum_{i=1}^{100} Num_{i,t}^{C}$在800次运行

中的中位数甚至崩溃。

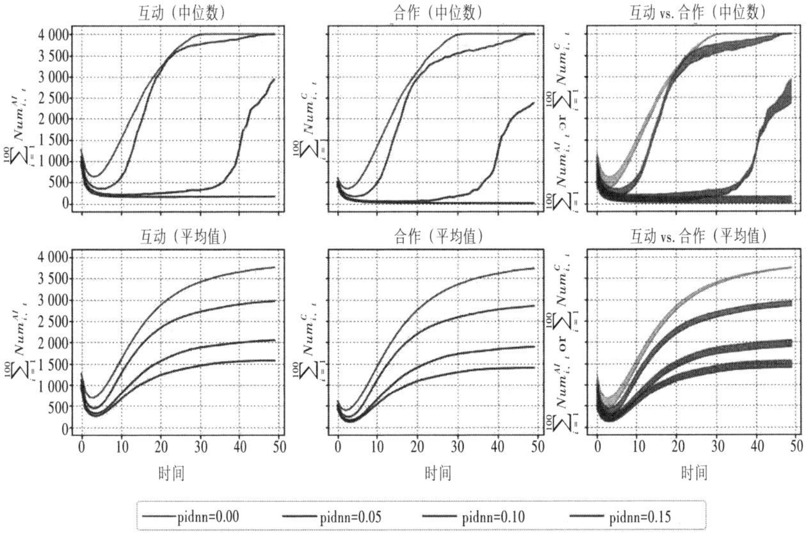

图 4-8　比较非邻居中的信息扩散概率

如上所述，信息扩散的决定性因素在于扩散事件的性质，即被观察到的事件是信任增加型事件还是信任减少型事件。这种影响在信息在非邻居扩散中会被放大。

4.5　本章小结

本章利用 Agent-Based 计算模拟，从微观视角探讨了有向加权正则环上由个体不断变化的信任和可信性分别支持的互动与合作的演化。这种 Agent-Based 模型考虑了 Agents 在以下方面的异质性：（1）信任度和可信性；（2）从邻居和非邻居那里获取信息的能力；（3）不同种类信息源的权重。它还通过相对精细的实验设计整合了以下几个考虑因素：（1）信任的一个特点是信任很容易被破坏，而建立却很困难（Slovic，1993）；（2）信任度可能会反映在策略决策和支付结构决策上；（3）个体可以决定是否参与互动；（4）互动密度不仅存在于邻居和陌生人之间（Macy和Skvoretz，1998），也存在于邻居内部；（5）信息扩散。

该Agent-Based模型将信任视为互动意愿的决定性因素，将可信性视为合作概率的决定性因素，并应用了一定程度上相对合理的信任更新机制、可信性更新机制以及连边权重更新机制。本章提出了支付矩阵的边际利用率、原始支付矩阵与突变支付矩阵之间的相对剥削程度、想象策略以及关系维护强度等概念并进行了公式化。模型强调了原始支付矩阵的边际剥削率和两个支付矩阵之间的相对剥削程度对信任破坏的影响；通过想象策略引入了观察的影响；通过关系维护强度维持了关系。

本章在基准模拟的基础上，探讨了社会经济过程中社交网络嵌入程度、支付矩阵的突变概率、突变支付矩阵以及邻居内和非邻居间的信息扩散概率对所有Agents的实际互动次数之和与合作次数之和的影响。在本章的实验设计和参数取值下，基本上，随着社会网络嵌入程度和邻居间信息扩散概率的增加，以及支付矩阵突变概率、突变支付矩阵冲突和非邻里间信息扩散概率的降低，互动次数和合作次数增加。

5

总结与结论及关于信息、教育和正式制度的一些思考

5.1 总结与结论

本书首先试图建立一个信任在其中变化的、综合而现实的理论体系，然后运用不同的方法，如理论分析法和Agent-Based计算模拟，来探讨不同的感兴趣的问题。本书构建的理论体系整合了社会经济环境中的一系列现实因素，除信任之外比如有信息、社会学习、网络、制度、地理流动等，并且层层递进地涵盖了从个人思想和行为、到互动、到网络、再到多网络（multi-networks）。将这些现实因素联系起来的底层逻辑是：信任，尤其是信任的变化，受到对可信性的感知的影响。反映可信性的信息在信任变化中起着决定性作用。不遵守制度是不可信的重要体现，因此也是引起不信任的重要因素。此外，可信性本身也是一种制度。信息过程和社会学习过程在很大程度上是重叠的。获取信息的方式与社会学习的方式吻合。通过社会学习，行为（如可信行为）可以直接获取，这使得社会学习在培养制度遵循行为方面发挥着重要作用。更重要的是，社会学习还可以改变思想（如将认知改变为社会环境），进而指导有意识的行为（如根据可信性去信任）。信息最终通过个人心理发挥作用。社交网络是信息获取、社会学习进行、行为输出和信息随之扩散的地方。地理流动改变了个人局部互动网络。

本书共包括五个部分：1章绪论、3章主体内容以及1章结论。其中，第2章和第3章是理论部分，采用了理论分析法，深入剖析了信任与可信性，并将信任置于社会经济环境中系统地考虑；第4章是使用Agent-Based计算模拟这一前沿研究方法进行的模拟部分，并在ABM模型中嵌入了复杂网络和博弈论模型。

第2章和第3章是本书的理论部分。其以上述逻辑为指导，整合了信任、信息、社会学习、网络、制度、地理流动性等因素，基本沿着个体、互动、网络和多网络的思路展开。可以将其视为由三大板块构成：一是信任的基本要素；二是信任和信用本身；三是上述其他因素（即信息、社会学习、网络、制度、地理流动性）构成的信任变化的现实系统。

在信任的基础要素方面，第2章首先讨论了信任的一些概念性方面，即信任的内涵、特征、类型，一般信任、群体信任和陌生人信任的区别，个体一般信任的形成和作用机制，以及现有研究从不同视角、不同层面对（一般化）信任的测量。个人信任是基于一个人对他人可信性的感知的一种相应的、反应的态度。信任以可信性为条件，依赖信息，是事前风险相关的，并且建立缓慢、衰退迅速、重建困难。个人一般信任是一个人对社会中不特定他人的可信性的总体评价。从个体角度看，一般信任与特殊信任的区别在于信任客体是否明确；一般信任与群体信任的区别在于是否有明确的、清晰的特征或标准来界定某一特定群体；一般信任与陌生人信任的区别在于是否明确区分人际关系的距离。信任的一般化可被视为从人口样本到人口总体的一个主观推断结果。信任的一般化在很大程度上是面向经验的，或者说是后向的，而其输出则是面向预期的，或者说是前向的。在发挥作用时，一般信任会以特定的方式反映出来。在经历之后，不确定性会转化为既定事实和确定性。预期与后来事实的一致性对信任的影响还取决于预期的事物是合意的还是不合意的。经验可分为童年经验和成年经验、个人经验和非个人经验、积极经验和消极经验。预期可以是积极的或消极的，可以是基于自身的或基于原因的，可以是定量的或定性的。现有的一般信任测量方法包括使用微观层面或综合宏观层面的调查数据来测量一般信任，使用基于演化博弈论的代理模型中的合作份额来测量社会信任，以及使用概率来表示微观信任。

就信任和可信性而言，第2章从信任者的视角通过思想和行为两个方面阐述了个体（微观）层面的信任、信任和可信性的关系、可信性的成本、作为信任者和被信任者的角色，并解释了两人间的信任和可信性，以及如何理解信任和可信性的供求关系。从个体信任者的视角来看，“思想”强调的是信任者如何在头脑中处理他人可信性信息的心理或心智（mental）过程。一个人会在多大程度上对可信性信息做出反应，很大程度上取决于个人的偏好、观点、情感态度等。人类的推理、推断和联想等能力也对一个人在未来类似情况下的信任中，或对其他具有共同和/或相似特征的人的信任中起着至关重要的作用。行为在很大程度上是一个人思维过程结果的表达。一个两方互动或者涉及单边信任，或者涉及双边互信。一个互动的信任—可信性关系要求对互动的同意以及之后的具体的实施过程。互动是信任者展示其信任态度的最重要渠道。互动涉及一系列决策，通过这些决策信任者可以影响和塑造互动。可信性不仅是信任的基础，也对信任具有反作用。不可信给他人带来的成本既有个人成本，也有社会成本。因他人不可信而造成的个人成本可能是直接的金钱损失、不愿参与未来潜在的互动、寻找可靠互动者的搜寻成本。不信任也可能触发对现有个人社交网络的更多使用。不可信的社会成本在于其对价值创造的损害。在两人信任—被信任关系中，信任者和被信任者的角色或呈现出对应关系或呈现出叠加。一个人也可以根据他人的可信性来调整自己的可信性。信任的供给是指去信任，信任的需求是指被信任的需求；可信性的供给是指在行为时可信，可信性的需求是指对他人行为可信性的需求。信任和可信性的供求可以不通过具体数量进行比较。

就一些推动信任机制发挥作用以及支撑信任和可信性变化和共同演化的一些本质的、决定性的因素而言，第3章关注信息、社会学习、网络、地理流动和制度。行为是一个人自身信任和可信性的基本信息来源。行为可以是单独的，也可以是互动的；可以是基于内化的，也可以是缺乏内化的。反映他人可信性的信息对于个人信任至关重要。信息可分为单独行为信息或互动行为信息，个人互动信息或非个人互动信息，个人特定信息或现象特定信息，自然人信息或媒体信息，个人互动或观察信息，以及直接信息或间接信息。社会学习是获得思想和行为的重要渠道，包括信任和可信性。社会学习可以是直接学习，也可以是间接学习；可以是正向学习，也可以是反向学习；可以是同一立场学习，也可以是相反立场学习；可以是主动学习，也可以是被动学习。它可以来自父母、邻居甚至陌生人。即时互动网络、临时互动、观察、口头传递信息、书面记录都可以成为社会学习的渠道。较短的距离，无论是地理距离、社会距离还是心理距离，会便利互动。参与到同一个互动平台也是如此。互动平台可以基于地理位置、组织、社会角色、事件、技术或时代而形成。除了节点和连接之外，流量也应被视为网络的基本要素。微观个体产生宏观现象，可能经历禀赋/网络过程、微观效应、综合过程和宏观呈现四个步骤。现实中，宏观网络现象丰富多彩且在不断变化的原因就在于异质性的推动。网络的异质性可以体现在节点、连边、流量、博弈类型/结构、互动平台和网络结构上。地理流动会改变个人局部互动网络，并具有时间和距离维度。三类信任下降可能由地理流动引起：不同的背景心态、不同的立场，以及一个地区大规模且密集的人口与为不信任行为创造条件的高流动性并存。此外，地理流动也可能伴随着社会流动。不遵守制度是不信任的一个不可忽视的起因。根据不同的标准，制度可以分为问题解决型制度、问题避免型制度、影响/控制问题型制度和追究责任型制度，也可以分为价值观型制度和构建的制度。可信性作为一种制度，本身就属于价值观型制度。“问题”通常是制度的首要目标，这就要求以问题的显现为先决条件。以问题为中心的制度可以触及问题的不同深度。对他人行为的要求以及在各种互动中相对有利角色的可变性推动了制度的起源。人口的连续地理分布和人口流动有利于制度的扩散。一种制度从产生到扩散的流行至少呈现出三种特殊的结构模式，即单点辐射、多点爆发和借助人口流动的扩散。除了Axelrod（1986）和Posner（1997）所强调的原因外，人们遵守制度还可能是因为遵守制度更容易、更方便，使自己在正常情况下成为正确的一方，暗含对他人遵守制度行为的交换，或者是受各种互动中相对有利角色的可变性的激励。在所有原因中，声誉因其对信息过程的强烈依赖性脱颖而出。可以说，信任及其变化位于一个由制度网络、因果关系网络和个人信息网络构成的相互交织的系统。

经济生活是社会生活不可分割的一部分。在社会经济系统中，经济交易是人际互动的一种具体的、重要的形式。在经济交易中，个人（不）信任可能导致压缩效应、替代效应、品牌依赖效应、搜索效应、“专家”效应、自备效应和错配效应等一系列效应。其中，替代效应可以是横向替代、纵向替代或交叉替代。通过上述一系列效应，信任在微观层面塑造了经济，并通过自下而上的过程反映在宏观层面的表现上。

第4章运用Agent-Based计算模拟，在有向加权正则环上探讨了由个体不断变化的、信息驱动的信任和可信性分别支持的互动与合作的演化。该模型考虑到了Agents在信任、可信性、从邻居和非邻居那里获取信息的能力以及不同类型信息源的权重等方面的差异。该模型通过精巧的实验设计综合考虑了以下几个因素：（1）信任的一个特点是信任破坏容易建立难（Slovic，1993）；（2）可信性可能会同时反映在策略决策和支付结构决策中；（3）个人可以决定是否参与互动；（4）互动密度不仅存在于邻居和陌生人之间（Macy and Skvoretz，

1998)，也存在于邻居内部；（5）信息扩散。

这一Agent-Based计算模型将信任视为互动意愿的决定性因素，将可信性视为合作概率的决定性因素，并应用了某种程度上相对合理的信任更新、可信性更新和连边权重更新机制。本章提出了支付矩阵的边际利用率、原始支付矩阵与突变支付矩阵之间的相对剥削程度、想象策略以及关系维护强度等概念并进行了公式化。在对信任破坏的影响中，强调了原始支付矩阵的边际剥削率以及两个支付矩阵之间的相对剥削程度；通过想象策略引入了观察的影响；关系通过关系维护强度来维持。

在基准模拟的基础上，第4章探讨了社会经济过程中社交网络嵌入程度、支付矩阵的突变概率、突变支付矩阵以及信息在邻居间和非邻居间的扩散概率对所有Agents的实际互动次数之和与合作次数之和的影响。在这一章的实验设计和参数取值选择下，基本上随着社交网络嵌入程度和邻居间信息扩散概率的增加，以及支付矩阵突变概率、突变支付矩阵冲突和非邻里间信息扩散概率的减少，社会中的互动数和合作数增加。

5.2　关于信息、教育和正式制度的一些思考

5.2.1　关于信息

随着信息技术的发展以及互联网、个人电脑和移动设备的普及，扮演媒体角色的已不仅仅局限于传统的大众媒体。人们常说，这是一个人人都是自媒体的时代。微博、微信等社交媒体平台日益成为人们快速发布和获取信息的重要渠道。只要配套的基础设施和设备齐备，注册一个账号人们就可以在法律允许的范围内，随时随地自由发布信

息，包括揭露社会上的不良现象。这些不良现象可能涉及个人、公司/企业、其他组织、事件、行为等。与此同时，信息的获取也已经超越了与父母、亲戚、朋友和熟人等亲密社交圈中的人（在线）社交互动。

针对信息在互联网（尤其是社交媒体平台）上传播的特点，关于在互联网上发布信息应做好以下两点：第一，信息发布者应确保所发布信息的真实性，不发布伪信息、不传播谣言，不故意歪曲事实发布信息，并及时驳斥谣言。对于违法行为或其他不良现象，应出于社会正义发帖或者视频，揭示社会运行中存在的问题。第二，相关部门应积极行动起来，妥善处理暴露出的问题。必要时应制定或完善法律法规等，以应对今后类似问题的发生及产生的影响。

假设被曝光的信息是真实的，或者至少是真相正在逐渐浮出水面，并且是出于社会正义而曝光的。那么，对于被曝光的社会不良现象，至少可以有三种曝光效应：一是跟进式曝光效应，即及时跟进被曝光的社会不良事件。二是相似性曝光效应，即一个被曝光的、引起社会广泛关注的不良事件，也可能引起社会上其他主体类似事件的曝光，尤其是在随后的短时期内密集地曝光，或是在公众原有的强烈情绪消退后的一个相对较长时期内间歇性地曝光。三是全面曝光效应，即一旦某主体被曝光了某种失信行为，其其他失信行为也可能随之被曝光，如果有其他曝光者的话，还可能被其他曝光者曝光。

关于信息，有一点值得注意：不完整的信息，尤其是缺乏关键细节信息，可能会导致错误的推断，甚至是与实际情况相反的推断。同样，如果缺乏有关可信性的关键细节信息，很可能会导致对可信性的错误判断，进而产生错误的信任。

5.2.2 关于教育

在一个人的成长过程中，父母、老师等不同的人可能会对其思想和行为产生不同程度的影响。人类社会发展的漫长时期，很多事情并不需要我们从失败的亲身经历中吸取教训。人类已经积累了很多智慧，可以指导当代人并代代相传。毋庸置疑，一般来说，学校教育（包括幼儿园和学前教育）在塑造一个人的价值观和个人品质方面发挥着重要作用。一般来说，正规的学校教育通常贯穿于一个人一生中相对较早的阶段，比如从4岁到20多岁，即从幼儿园到博士。此外，个人的诚信教育总是在正规学校教育的前半段，如学前教育、小学教育和初中教育。诚然，个人的观点、价值观等可能会随着日后的经历而发生变化，有人可能会习得一些所谓的社会适应行为，而这些行为实际上可能有悖社会可接受的行为规范。但是，这并不否认童年、少年等人生早期阶段的重要性，因为这些阶段是一个人价值观、个性、性情等形成的关键时期。

学校教育的内容大致可分为两个方面：一是专业知识；二是如何做人。因此，在正规的学校教育中，尤其是相对较早的学前教育、小学教育和初中教育中，不仅要传授知识，更要有意识地渗透正确的价值观、道德观，教学生明辨是非，什么行为是社会可以接受的，什么行为是合法的，什么行为是不合法的，等等。这样，孩子长大后才能成为一个具有良好品质的人，比如说可信之人。

从个人角度看，教育不仅有利于个人的人力资本的积累，也有利于个人素质的提高。从教育意义的这两点出发，提高教育的普及率、规定最低的教育年限、提高教师的素质等也是必要之举。虽然教育是一项长期的工作，不可能一蹴而就，但显然必须一直给予足够的重视。

5.2.3 关于正式制度

为了取得更好的社会成果，如今人们常常求助于制度来解决问题。制度的影响范围在地理上可以很大，覆盖的人群也很多。政策作为制度的一种特殊形式，在其影响范围内也具有很大程度上不随人口流动而变化的特点。也就是说，制度对人口的地理流动具有阻力。因此，在人口地理流动性大的情况下，应该让制度发挥更大的作用。为了取得更好的社会效果，往往需要对正式制度进行一定程度的“创造性破坏”的勇气。但是，在制定政策时，至少要尽量避免两个问题，才能使政策顺利实施、达到预期目的。这两个问题都可能在执行过程中出现：

首先，一项好的政策取得预期效果的前提是它得先得到落实（给定该政策确实有这些预期效果）。因此，在执行过程中，要防止一些人出于个人利益的考虑，对政策采取反制措施，导致好政策无法真正落实。那些行为为社会所不容的规则破坏者，可能会采取一些看似顺从政策、实则规避政策的方法，以避免个人利益受损。这种行为会导致政策在相当程度上形同虚设。

其次，即使正式规则如期实施且即使存在漏洞也不会被刻意利用，但在实施过程中仍可能出现问题。例如，有些政策在制定时可能考虑不周，只关注问题本身，而对相关配套措施和/或深层次原因考虑不足，因缺乏制度基础而导致制度空白并引发新的协调问题。因此，为了避免在政策执行过程中出现此类问题，决策者在制定政策时应考虑得更周全。

参考文献

[1] 中国人民大学中国调查与数据中心．中国综合社会调查（CGSS）2015年度调查问卷（居民问卷）[DB/OL]．中国学术调查数据资料库．[2019-03-18]．http：//www.cnsda.org/index.php？r=projects/view&id=62072446.

[2] ALESINA A，LA FERRARA E. Who trusts others？[J] Journal of Public Economics，2002，85（2）：207-234.

[3] ALGAN Y，CAHUC P. Inherited trust and growth [J]．American Economic Review，2010，100（5）：2060-2092.

[4] ARROW K J. The limits of organization [M]．New York：Norton，1974.

[5] ARTHUR W B，HOLLAND J H，LEBARON B，et al. Asset pricing under endogenous expectations in an artificial stock market [M] //W. Brian Arthur，Steven N. Durlauf，David A. Lane（Eds.），The Economy as an Evolving Complex System II. Boca Raton：CRC Press，1997：15-44.

[6] ARTHUR W B. Inductive reasoning and bounded rationality [J]．The American Economic Review，1994，84（2）：406-411.

[7] AXELROD R M. The Complexity of cooperation：agent-based models of competition and collaboration [M]．Princeton，New Jersey：Princeton

University Press, 1997.
[8] AXELROD R M.The evolution of cooperation [M]. New York: Basic Books, 1984.
[9] AXELROD R. An evolutionary approach to norms [J]. American Political Science Review, 1986, 80 (4): 1095-1111.
[10] BANDURA A. Social learning theory [M]. Englewood Cliffs, New Jersey: Prentice-Hall, Inc., 1977.
[11] BANISCH S, LIMA R, ARAÚJO T. Agent based models and opinion dynamics as Markov chains [J]. Social Networks, 2012 (34): 549-561.
[12] BARABÁSI A-L, ALBERT R.Emergence of scaling in random networks [J]. Science, 1999, 286 (5439): 509-512.
[13] BERG J, DICKHAUT J, MCCABE K.Trust, reciprocity, and social history [J]. Games and Economic Behavior, 1995, 10, (1): 122-142.
[14] BERGH A, BJØRNSKOV C.Historical trust levels predict the current size of the welfare state [J]. KYKLOS, 2011, 64 (1): 1-19.
[15] BEUGELSDIJK S, DE GROOT H L F, VAN SCHAIK A B T M.Trust and economic growth: a robustness analysis [J]. Oxford Economic Papers, 2004, 56 (1): 118-134.
[16] BHATTACHARYA R, DEVINNEY T M, PILLUTLA M M.A formal model of trust based on outcomes [J]. The Academy of Management Review, 1998, 23 (3): 459-472.
[17] BJØRNSKOV C.How does social trust affect economic growth? [J] Southern Economic Journal, 2012, 78 (4): 1346-1368.
[18] BOGARDUS E S.Measurement of personal-group relations [J]. Sociometry, 1947, 10 (4): 306-311.
[19] BOGARDUS E S. Social distance and its origins [J]. Journal of Applied Sociology, 1925 (9): 216-226.
[20] BOHNET I, GREIG F, HERRMANN B, et al.Betrayal aversion: evidence

from Brazil, China, Oman, Switzerland, Turkey, and the United States [J]. American Economic Review, 2008, 98 (1): 294-310.

[21] BOHNET I, ZECKHAUSER R. Trust, risk and betrayal [J]. Journal of Economic Behavior & Organization, 2004, 55 (4): 467-484.

[22] BONABEAU E. Agent-based modeling: methods and techniques for simulating human systems [J]. Proceedings of the National Academy of Sciences of the United States of America, 2002, 99 (10): 7280-7287.

[23] BOURDIEU P. Social space and symbolic power [J]. Sociological Theory, 1989, 7 (1): 14-25.

[24] BRIEN A. Professional ethics and the culture of trust [J]. Journal of Business Ethics, 1998, 17 (4): 391-409.

[25] BUSH P D. The theory of institutional change [J]. Journal of Economic Issues, 1987, 21 (3): 1075-1116.

[26] CHEN S-H, CHIE B-T, ZHANG T. Network-based trust games: an agent-based model [J/OL]. The Journal of Artificial Societies and Social Simulation, 2015, 18 (3): 5.

[27] CHETTY R, HENDREN N, KATZ L F. The effects of exposure to better neighborhoods on children: new evidence from the Moving to Opportunity Experiment [J]. American Economic Review, 2016, 106 (4): 855-902.

[28] COLEMAN J S. Foundations of social theory [M]. Cambridge, Massachusetts, and London, England: The Belknap Press of Harvard University Press, 1990.

[29] COLESCA S E. Understanding trust in e-government [J]. Engineering Economics, 2009, 63 (4): 7-15.

[30] COSMIDES L, TOOBY J. Evolutionary psychology: A primer [EB/OL]. [2018-7-20]. http: //www. psychology. sunysb. edu/attachment/courses/620/pdf_files/evol_psych.pdf.

[31] COSTA L DA F, RODRIGUES F A, TRAVIESO G, et al. Characterization of

complex networks: a survey of measurements [J]. Advances in Physics, 2007, 56 (1): 167-242.

[32] COX J C.Trust and reciprocity: implications of game triads and social contexts [J]. New Zealand Economic Papers, 2009, 43 (2): 89-104.

[33] DAI S.Networks of institutions: institutional emergence, social structure and national systems of policies [M]. London, UK, New York, NY: Routledge, 2015.

[34] DAI S, ELSNER W.Shrinking trust in growing China: a trade-off between fast growth, change and institutionalized cooperation? [J] Forum for Social Economics, 2020, 50 (3): 297 - 315.

[35] DEARMON J, GRIER L.Trust and development [J]. Journal of Economic Behavior & Organization, 2009, 71 (2): 210-220.

[36] DELHEY J, NEWTON K. Predicting cross-national levels of social trust: global pattern or Nordic exceptionalism? [J] European Sociological Review, 2005, 21 (4): 311-327.

[37] DENZAU A T, NORTH D C. Shared mental models: ideologies and institutions [J]. Kyklos, 1994, 47 (1): 3-31.

[38] DEUTSCH M.Trust and suspicion [J]. Journal of Conflict Resolution, 1958 (2): 265-279.

[39] DOHMEN T, FALK A, HUFFMAN D, et al. The intergenerational transmission of risk and trust attitudes [J]. Review of Economic Studies, 2012 (79): 645-677.

[40] ELSNER W.The Process and a simple logic of 'meso'. emergence and the co-evolution of institutions and group size [J]. Journal of Evolutionary Economics, 2010, 20 (3): 445-477.

[41] ELSNER W.Why meso? On "aggregation" and "emergence", and why and how the meso level is essential in social economics [J]. Forum for Social Economics, 2007, 36 (1): 1-16.

[42] ELSNER W, HEINRICH T.A simple theory of 'meso'.On the co-evolution of institutions and platform size-With an application to varieties of capitalism and 'medium-sized' countries [J]. The Journal of Socio-Economics, 2009, 38 (5): 843-858.

[43] ELSNER W, HEINRICH T, SCHWARDT H.The microeconomics of complex economies: evolutionary, institutional, neoclassical, and complexity perspectives [M]. Amsterdam: Elsevier, 2015.

[44] ELSNER W, SCHWARDT H.From emergent cooperation to contextual trust, and to general trust: overlapping meso-sized interaction arenas and cooperation platforms as a foundation of pro-social behavior [J]. Forum for Social Economics, 2015, 44 (1): 69-86.

[45] ELSNER W, SCHWARDT H. Trust and arena size: expectations, institutions, and general trust, and critical population and group sizes [J]. Journal of Institutional Economics, 2014, 10 (1): 107-134.

[46] EPSTEIN J M, AXTELL R.Growing artificial societies: social science from the bottom up [M]. Washington, D.C.: Brookings Institution Press, 1996.

[47] EPSTEIN J M.Agent-based computational models and generative social science [J]. Complexity, 1999, 4 (5): 41-60.

[48] FAHR R, IRLENBUSCH B.Fairness as a constraint on trust in reciprocity: earned property rights in a reciprocal exchange experiment [J]. Economics Letters, 2000, 66 (3): 275-282.

[49] GLAESER E L, LAIBSON D I, SCHEINKMAN J A, et al.Measuring trust [J]. The Quarterly Journal of Economics, 2000b, 115 (3): 811-846.

[50] GOFFMAN E.Stigma: notes on the management of spoiled identity [M]. New York: Simon & Schuster, Inc., 1986.

[51] GRANOVETTER M S.The strength of weak ties [J]. American Journal of Sociology, 1973, 78 (6): 1360-1380.

[52] GRANOVETTER M.Economic action and social structure: the problem of

embeddedness [J]. American Journal of Sociology, 1985, 91 (3): 481-510.

[53] HARDIN R.Trustworthiness [J]. Ethics, 1996, 107 (1): 26-42.

[54] ISAAC A G.Simulating evolutionary games: a python-based introduction [J/OL]. Journal of Artificial Societies and Social Simulation, 2008, 11 (3): 8.

[55] JACKSON M O.Social and economic networks [M]. Princeton: Princeton University Press, 2008.

[56] KIM W-S.Effects of a trust mechanism on complex adaptive supply networks: an agent-based social simulation study [J/OL]. The Journal of Artificial Societies and Social Simulation, 2009, 12 (3): 4.

[57] KIYONARI T, YAMAGISHI T, COOK K S, et al. Does trust beget trustworthiness? Trust and trustworthiness in two games and two cultures: a research note [J]. Social Psychology Quarterly, 2006, 69 (3): 270-283.

[58] KNACK S, KEEFER P. Does social capital have an economic payoff? A cross-country investigation [J]. The Quarterly Journal of Economics, 1997, 112 (4): 1251-1288.

[59] LA PORTA R, LOPEZ-DE-SILANES F, SHLEIFER A, et al.Trust in large organizations [J]. American Economic Review, 1997, 87 (2): 333-338.

[60] LEIGH A. Trust, inequality and ethnic heterogeneity [J]. The Economic Record, 2006, 82 (258): 268-280.

[61] LEWIS J D, WEIGERT A. Trust as a social reality [J]. Social Forces, 1985, 63 (4): 967-985.

[62] LIM S, MORSHED A M, KHUN C.Trust and macroeconomic performance: a two-step approach [J]. Economic Modelling, 2018 (68): 293-305.

[63] MACY M W, SKVORETZ J.The evolution of trust and cooperation between strangers: a computational model [J]. American Sociological Review, 1998, 63 (5): 638-660.

[64] MACY M W, WILLER R.From factors to actors: computational sociology and agent-based modeling [J]. Annual Review of Sociology, 2002 (28): 143-166.

[65] MANTZAVINOS C, NORTH DC, SHARIQ S.Learning, institutions, and economic performance [J]. Perspectives on Politics, 2004, 2 (1): 75-84.

[66] MAYER R, DAVIS J H, SCHOORMAN F D. An integrative model of organizational trust [J]. Academy of Management Review, 1995, 20 (3): 709-734.

[67] MCALLISTER D J. Affect- and cognition-based trust as foundations for interpersonal cooperation in organizations [J]. The Academy of Management Journal, 1995, 38 (1): 24-59.

[68] NEWMAN M E J.Analysis of weighted networks [J]. Physical Review E, 2004 (70).

[69] NIAZI M, HUSSAIN A.Agent-based computing from multi-agent systems to agent-based models: a visual survey [J]. Scientometrics, 2011, 89 (2): 479-499.

[70] NIKOLAI C, MADEY G.Tools of the trade: a survey of various agent based modeling platforms [J/OL]. Journal of Artificial Societies and Social Simulation, 2009, 12 (2): 2.

[71] NOOTEBOOM B.Trust: Forms, foundations, functions, failures and figures [M]. Cheltenham, UK and Northampton, MA, USA: Edward Elgar, 2002.

[72] NORTH D C. Institutions, institutional change and economic performance [M]. Cambridge, UK: Cambridge University Press, 1990.

[73] NUNN N, WANTCHEKON L.The slave trade and the origins of mistrust in Africa [J]. American Economic Review, 2011, 101 (7): 3221-3252.

[74] PARK R E.The concept of social distance as applied to the study of racial attitudes and racial relations [J]. Journal of Applied Sociology, 1924 (8):

339–344.

[75] PEIRÓ -PALOMINO J, TORTOSA–AUSINA E. Can trust effects on development be generalized? A response by quantile [J]. European Journal of Political Economy, 2013 (32): 377–390.

[76] POSNER R A.Social norms and the law: an economic approach [J]. The American Economic Review, 1997, 87 (2).

[77] PUTNAM R D.Bowling alone: the collapse and revival of American community [M]. New York: Simon & Schuster Paperbacks, 2000.

[78] PUTNAM R.Making democracy work: civic traditions in modern Italy [M]. Princeton, NJ: Princeton University Press, 1993.

[79] ROTENBERG K J. The socialisation of trust: parents' and children's interpersonal trust [J]. International Journal of Behavioral Development, 1995, 18 (4): 713–726.

[80] ROTH F.Does too much trust hamper economic growth? [J]. Kyklos, 2009, 62 (1): 103–128.

[81] ROUSSEAU D M, SITKIN S B, BURT R S, et al.Not so different after all: a cross–discipline view of trust [J]. The Academy of Management Review, 1998, 23 (3): 393–404.

[82] SABEL C F. Studied trust: building new forms of cooperation in a volatile economy [J]. Human Relations, 1993, 46 (9): 1133–1170.

[83] SAPIENZA P, TOLDRA–SIMATS A, ZINGALES L. Understanding trust [J]. The Economic Journal, 2013, 123 (573): 1313–1332.

[84] SAPIENZA P, ZINGALES L. A trust crisis [J]. International Review of Finance, 2012, 12 (2): 123–131.

[85] SCHELLING T C. Dynamic models of segregation [J]. The Journal of Mathematical Sociology, 1971, 1 (2): 143–186.

[86] SELTZER N, SMIRNOV O.Degrees of separation, social learning, and the evolution of cooperation in a small–world network [J/OL]. The Journal of

Artificial Societies and Social Simulation, 2015, 18 (4): 12.
[87] SLOVIC P. Perceived risk, trust, and democracy [J]. Risk Analysis, 1993, 13 (6): 675-682.
[88] STOLLE D, NISHIKAWA L. Trusting others-how parents shape the generalized trust of their children [J]. Comparative Sociology, 2011, 10 (2): 281-314.
[89] TESFATSION L, JUDD K L.Handbook of computational economics volume 2: agent-based computational economics [M]. Amsterdam: Elsevier, 2006.
[90] USLANER E M. Producing and consuming trust [J]. Political Science Quarterly, 2000, 115 (4): 569-590.
[91] USLANER E M.The moral foundations of trust [M]. Cambridge, United Kingdom: Cambridge University Press, 2002.
[92] UZZI B.Social structure and competition in interfirm networks: the paradox of embeddedness [J]. Administrative Science Quarterly, 1997, 42 (1): 35-67.
[93] VEBLEN T.The theory of the leisure class: an economic study of institutions [M]. Delhi: Aakar Books, 2005.
[94] WÄCKERLE M, RENGS B, RADAX W. An agent-based model of institutional life-cycles [J]. Games, 2014, 5 (3): 160-187.
[95] WATTS D J, STROGATZ S H. Collective dynamics of 'small-world' networks [J]. Nature, 1998 (393): 440-442.
[96] WHITELEY P F.Economic growth and social capital [J]. Political Studies, 2000, 48 (3): 443-466.
[97] WILLIAMSON O E.Calculativeness, trust, and economic organization [J]. The Journal of Law & Economics, 1993, 36 (1, Part 2): 453-486.
[98] YAMAGISHI T, YAMAGISHI M.Trust and commitment in the United States and Japan [J]. Motivation and Emotion, 1994, 18 (2): 129-166.
[99] ZAK P J, KNACK S.Trust and growth [J]. The Economic Journal, 2001,

111（470）：295-321.

［100］ ZUCKER L G.Production of trust：institutional sources of economics structure 1840 to 1920［J］. Research in Organizational Behavior，1986（8）：53-111.

索引

图书在版编目（CIP）数据

信任与发展：制度建设的深层结构与社会经济表现 / 高琳著. —大连：东北财经大学出版社，2025.4. —（墨香财经学术文库）. —ISBN 978-7-5654-5596-4

Ⅰ. D668

中国国家版本馆 CIP 数据核字第 2025VG3408 号

信任与发展：制度建设的深层结构与社会经济表现

XINREN YU FAZHAN：ZHIDU JIANSHE DE SHENCENG JIEGOU YU SHEHUI JINGJI BIAOXIAN

东北财经大学出版社出版发行

大连市黑石礁尖山街 217 号　邮政编码　116025

网　　址：http://www.dufep.cn

读者信箱：dufep@dufe.edu.cn

大连图腾彩色印刷有限公司印刷

幅面尺寸：170mm×240mm　字数：143 千字　印张：12　插页：1

2025 年 4 月第 1 版　　2025 年 4 月第 1 次印刷

责任编辑：时　博　李　彬　赵　楠　　责任校对：贺　利

封面设计：原　皓　　版式设计：原　皓

书号：ISBN 978-7-5654-5596-4　　定价：68.00 元

教学支持　售后服务　　联系电话：（0411）84710309

墨香财经学术文库

信任与发展

制度建设的深层结构与社会经济表现

Trust and Development

The Deep Structure of Institutions-Building and Socio-Economic Performance

高琳 著

东北财经大学出版社 Dongbei University of Finance & Economics Press 大连